통찰의
시간

통찰의
시간

초판 1쇄 발행 2022년 9월 19일

지은이 신수정

펴낸이 손은주 편집 이선화 김지수 마케팅 권순민
경영자문 권미숙 디자인 Erin 교정·교열 신희정
표지 일러스트 신미림 본문 일러스트 Erin

주소 서울시 마포구 희우정로 82 1F
문의전화 02-394-1027(편집) 주문전화 070-8835-1021(마케팅)
팩스 02-394-1023
이메일 bookaltus@hanmail.net

발행처 (주) 도서출판 알투스
출판신고 2011년 10월 19일 제25100-2011-300호.

ⓒ 신수정 2022
ISBN 979-11-86116-35-7   03320

통찰의
시간

깨어나게 하고
행동하게 하는
555개의 **통찰**

신수정 지음

알투스

세상에 선한 영향력을 주는
소박한 '통찰의 시간'을 살고 싶다.

2010년 어느 날이었다. 한 IT회사의 CEO로 있을 때였다. 창업을
한 한 후배가 방문했다. 그는 내게 트위터에 대해 말했다. "요즘 IT 경
영자라면 트위터를 하실 줄 알아야 합니다." 이후 호기심에 트위터에
가입했다. 그냥 짧게 자신의 생각을 기록하고 나누는 SNS였다. 140
자의 짧은 글만 쓸 수 있어 부담도 없었다.

나는 기억력이 부족해서 기록하지 않으면 잘 기억하지 못했다. 돌
이켜 보니 많은 책을 읽고 배웠고 경험을 했지만 기억나는 것이 별로
없었다. 내 인생에 많은 '인풋(input)'들이 있었지만 '아웃풋(output)'이
별로 없었음을 깨달았다. 이에 나는 간략하게라도 기록함으로써 아
웃풋을 만들어 나가기로 결심했다. 그때가 40대 중반이었다.

이후 나는 나의 배움, 독후감, 경험들을 퇴근할 때 또는 주말에 한 두 문장씩 트위터에 기록하기 시작했다. 처음에는 나 혼자만의 일기 장처럼 기록했는데 점점 많은 팔로워들의 추천이 이루어졌다. 몇 년 이 지나자 국내 트위터상 가장 영향력 있는 트윗들 중 하나로 선정되 기 시작했고 2만 명 가까운 팔로워들이 팔로잉을 하게 되었다.

그다음에는 트위터에서 페이스북으로 전환했다. 페이스북에서는 조금 더 긴 글을 쓰기 시작했다. 페이스북에서도 시간이 지나자 글 하나마다 천 명 이상의 '좋아요'와 백 번 이상의 공유가 이루어지기 시작했다. '페이스북의 현자'라는 호칭도 얻었다. 이에 페이스북의 글 을 모아 2021년 7월 '일의 격'이라는 책을 내었고 그 책은 수만 권이 나간 베스트셀러가 되었다.

'일의 격'의 글들은 필자가 50대에 쓴 비교적 긴 글들의 모음이기 에 나만의 경험과 균형 있는 시각이 충분히 담겨 있다. 반면, 트위터 에 쓴 글은 40대에 기록한 짧은 글들이며 나만의 경험과 통찰보다는 앞선 분들의 통찰을 정리한 글들이 많았다. 대신 간결하고 직설적이 었다.

이 책은 그 글들을 기반으로 하되, 이후 페이스북의 글들 중 '일의 격'에 실리지 않았지만 해당 주제와 연결되는 최근의 글들도 일부 축 약하여 추가했다.

이에 이 책은 마치 '일의 격'의 '프리퀄(prequel)'과 같은 책이다. 과거 10여 년간 시간 속에서 배움을 축적한 과정이라 할 수 있다. 그러므로 '통찰의 시간'은 지금의 통찰을 얻게 한 축적의 시간을 기록한 것이라 할 수 있다. 더 짧고 핵심만 있기에 젊은 분들이 읽기 쉬울 것이다.

가끔 20~30대 젊은 직원들이 부러워하며 내게 묻는다. "어떻게 이런 통찰의 생각을 하시고 그렇게 꾸준히 쓰시나요?" 나는 답한다. "제가 꾸준히 쓰기 시작한 나이가 마흔다섯이었습니다. 당신이 지금부터 쓰기 시작하면 아마 제 나이가 될 때면 저보다 훨씬 뛰어난 통찰이 생길 것입니다." 누군가 통찰의 비결을 묻는다고 해도 나는 이렇게 답할 것이다. '축적 후 발산'이라고. 축적에는 '시간'과 '꾸준함' 그리고 '피드백과 훈련'이 필요하다. 그러면 누가 내게 피드백하고 나를 훈련하였을까? 트위터와 페이스북, 인스타그램, 링크드인 등의 친구들이었다. 그들은 답글과 피드백으로 나를 훈련시켰고 응원과 추천으로 내게 지속할 수 있는 힘을 주었다. 이 책은 사실 혼자 쓴 것이라 할 수 없다. 이에 응원 주신 분들께 감사하며 이름을 이 책에 같이 남긴다.

통찰을 원하시는가? 그러면 지금부터라도 글이든 영상이든 기록하시면 된다. 제가 한 것처럼 나보다 앞선 사람들로부터의 배움을 요약하는 것부터 시작하시라. 잘 쓰려 하기보다는 '그냥 쓰고 짧게 쓰는 것'부터 시작하시라. 그러면 점점 자신만의 통찰이 하나씩 나타나게 된다. 특별한 사람들만 통찰이 있고 영향력을 베풀 수 있다는 생각은 오해다. 모든 사람의 인생은 통찰로 가득 차 있다.

나는 지금도 페이스북을 중심으로 주말마다 글을 올리고 있다. 관심 있으신 분은 페이스북 [shinsoojungceo], 인스타그램 [sjshin123], 링크드인, 유튜브 [신수정TV]를 통해서 나를 만나실 수 있다.

나는 독자들이 이 책에 있는 555개의 모든 글을 처음부터 끝까지 읽기를 원하지 않는다. 마음에 드는 주제나 목차 중 아무것이나 읽으시라. 555개의 문장 중 한두 개라도 자신에게 공감과 영감을 준다면, 그래서 자신의 삶에 대한 생각과 관점을 바꿀 수 있다면, 그리고 행동하며 변화할 수 있다면 그것으로 충분하다. 내가 이 책을 낸 보람과 가치는 바로 거기에 있다.

'나는 세상에 종을 울리고 싶다'는 모토를 가지고 있다. 큰 종이 아니라도 세상에 선한 영향을 주는 작은 종이라도 울리기 원한다. 내가 온 후의 세계가 내가 오기 전보다 조금 더 아름다워졌다는 이야기를 듣고 싶다. 그리고 나의 독자들이 모두 '통찰의 시간'을 살기 원한다. 이 책이 나의 그러한 뜻이 담긴 또 하나의 씨앗이 되길 갈망한다.

신수정 드림

프롤로그

1장 통찰
14-67P

001시작과 끝은 동일하다 002무 관련을 엮는 통찰 003메타포의 장점 004완벽주의자가 아닌 완료주의자 005경험과 고정관념 006100도의 기체를 만드는 1도 007본질 찾기 008통찰과 성찰 009주관적 상상은 금물 010단순화하라 011욕구에 대해 012되면 좋고 안되도 괜찮다 013일반화의 오류 014그림 그리기 015좋은 질문 016흔들릴 때는 한 번 더 생각 017어려운 결정이 필요하다면? 018완벽함의 적은 매력이다 019이미 정해져 있다 020진정한 융합 021원래 그런 사람 아니야 022자기 확신의 함정 023인간의 강력한 욕구 024부란? 025관찰과 관심 026해야 하는 일, 하고 싶은 일, 할 수 있는 일 027통찰 028칭찬의 힘 029적절한 휴식 030혁신은 예술과 과학의 만남 031소질이란 032의미가 없으나 의미를 창조할 수 있다 033조금 풀어질 때 나오는 아이디어 034소셜 모빌리티 035복잡한 것과 혼란스러운 것 036규칙과 창의 037우연의 발견 (세렌디피티) 038디자인에 대해 039사람은 이득을 따른다 040종교나 철학의 영향 041비이성적인 사람이 만드는 진보 042충고를 위한 충고 043두 가지 질문 044시대의 변화 045일하는 즐거움 046합리적 낙관주의 047다른 영역에서 아이디어 찾기 048중간 레벨 직업의 수요 049바꾸려하지 마라 050카리스마 051돈과 가치 052감사와 미움 053낙천적 성향 054대중의 위대함 055공정이란 056가장 민주적인 것들 057독특함이란 058젊은이들에게 하는 조언 3가지 059상대가 원하는 것 060어떤 사람을 신뢰하게 되는가 061'새해 복 많이 받으세요'라는 말 062스트레스와 자율성 063내부 고발자 064다른 분야에 대한 관심 065실패와 패배 066채찍과 당근 067친절 068남자와 여자 069남자들의 모험과 용기 070부정과 낙관의 기록 071목표 나누기 072칭찬의 방법 073침착을 유지해야 074명때리라 075예측의 기술 076칭찬보다 인정 077장점과 단점 078공포의 순간 079약한연대의 힘 080자신감의 크기 081공감과 긍정 082하나의 메시지 083의욕과 열정의 차이 084다양성과 복잡성 085고민을 질문으로 086즐거움은 소분하라 087비싼 값에 대해 088경청과 반응 089집단의 결정 090하고 싶은 일 찾기 091열정과 광기 092대면의 효과 093소련과 독일이 무너진 이유 094우리는 왜 부정에 이끌리는기 095똑똑한 바보 096편한 것과 즐기는 것의 차이 097목표란 098혁신 099선택권 100정의와 공정 101선택권과 스트레스

102격차 103오리지널 104일처리 105더 나은 손해 106하나님의 심판 107톱니바퀴가 아닌 모터 108호랑이 개체 수 감소를 막은 비결 109갈등을 심화시키는 사람 110미룸 111인재 판별법 112포기의 종류 113Not-To-Do List 114최고의 역량은 열정 115언제까지 116가난할 때 나누지 못하면 117말이 나쁘면 기수가 뛰어나도 118얼마나? 119비용절감 120직관에 대한 과장된 확신 121어떻게 인지하는가 122유효기간에 대해 123즐거움

2장 배움

68-97P

124질문과 토론의 힘 125세상에서 가장 가성비 좋은 것은 126글을 잘 쓰는 방법 127배움에 뇌손발을 써라 128일단 써 보기 129독서의 복리효과 130독서로 성공하기 131한국펜싱 금메달의 비결: 수파리 132발전은 종이에 적는 것부터 133강점과 약점 134배움에 대하여 135기본기를 잘 배우기 136글쓰기의 마력 137쓸데없어 보이는 일 138평생 학습 139티칭과 코칭 140조금 거칠지만 신선한 생각 141기록의 힘 142새로운 것 배우기 143세 개의 직함을 가져라 144'커리어패스'에서 '커리어포트폴리오'로 145배움의 기술 146세개의 수입원 147편지쓰기 148배움을 부끄러워하지 않음 149열정으로 배우는 놀이터 150순수함 151스스로 통제하는 삶의 위력 152경력 따윈 중요하지 않아 153앞자리 효과 154연습, 실패 그리고 경험 155있는 지식을 흡수하고 새로운 것을 얹음 156배우고 브랜드를 만들어라 157성공한 사람의 5가지 특징 158기록의 중요함 159연습과 성과 160모소 대나무 이야기 161힘 빼라 162자기계발서 알레르기 163일이 지겨울 때 2배 목표 가지기 164숙련가와 전문가 165전문가란 166커뮤니케이션 능력을 단련하는 최선의 방법 167기본은 재미 168일이 재미있는 사람 169콤플렉스의 승화 170반복과 실천 171좋은 대인관계 172최고의 방법 173배워두면 커리어에 큰 도움이 될 기술 174장점 살리기 175두 마리 소 176성공노트, 실패노트 177지속적인 성장 178연봉과 직위 179시행착오의 교훈 180가장 위험한 것 181빵을 굽는 것이 부끄러운 일이 아니다 182노력하는 천재 183이 나이에 184지금부터 시작하기 185성공할 수도 실패할 수도 있다 186퇴짜에 대하여

3장 행동

98-125P

187닭과 독수리 188독서보다는 행동 189 선택과 집중의 다른 말 190쉬운 것부터 실행 191습관이란 192세상을 바꾼다는 것 193슈퍼 코넥터 194실행력 195작은 실패의 소중함 196열정과 노력 197노력하는 습관 198긍정성 질문 199인풋보다 아웃풋 200진보를 위한 세 가지 201알아듣기 쉽게 말하거나 쓰는 비결 202가장 중요한 것을 잘하는 것 203두드려야 열린다 204채우기보다 빼기 205초심으로 206오늘을 산다 207벌은 새로운 행동을 만들지 못한다 208거봐, 내 말이 맞지? 209직업을 넘어선 사명 210'그런데'를 붙이지 말기 211목표에 대해 212상대의 장점 나열하기 213병아리 트라우마 214불필요한 행동의 최소화 215인사하라 216자기 통제력 217직장에서 똑똑하게 보이는 비결 218두 문장 219공포와 갈망 220최선을 다했는데 실패한다면? 221역경을 만났을 때 222역경지수 223학습된 무기력에서 벗어나기 224이로운 스트레스 225어려운 환경 226불가능과 행동 227힘을 빼는 것 228꿈에 대해 229호기심, 열정, 믿음 230목적에 기반한 행동 231추진할 가치가 있는 전략 232성과를 커뮤니케이션하라 233새로운 경험의 중요성 234의욕이 없을수록 행동하기 235실행력을 기르려면 236버리고 또 버려라 237하기 싫은 일 몰아서 하기 238힘든 즐거움 239통제한다는 것 240아이디어의 실행 241시작이 반 242실행을 통한 변화 243가장 낭만적인 행동 244꾸준한 연습 245끊임없는 의지 246꿈을 밀고 나가는 힘 247지금 당장 할 수 있는 일 248예술가처럼 일하기 249인생의 후회

4장 성공

126-169P

250불평 요소에서 기회 찾기 251꿈에 날짜 적기 252모리츠 회장의 말 253팔려고

하지 않았다는 세일즈맨 254욕망하라 그리고 기록하라 255의미 있는 변화 256 누군가 먼저 하고 있다면 257중도의 위험 258승리의 정의 259부자 마인드 260집중의 힘 261성공 철학 뒤집어 보기 262 가장 간단한 성공비결 263무엇이 꿈일까? 264허핑턴의 50대 265착각자산 266사장의 길 267실패의 보완보다 성공의 가속화로 268실패를 두려워하지 말라는 말 269학자들의 논문시스템 270집중시키는 힘 271세상은 애플이나 아마존만이 바꾸는 것은 아니다 272때린 데 또 때리는 스피치 273어떻게 신뢰를 줄 것인가 274 꼴등이라도 악착같이 입학하고 입사하기 275브레인스토밍의 효과는 없다 276실패를 극복하는 힘 277작은 은혜에도 반드시 감사하라 278실패를 어떻게 다룰 것인가 279백미터 달리기와 마라톤 280행운이 발생할 확률을 높이는 것 281혁신 그 자체 282성공했다는 자만 283능력주의 284성공 요인과 실패 요인 285표준화보다 니치시장 286성공은 성공의 어머니 287유연함 288작은 성공 경험 쌓기 289 실수를 인정하기 290문제해결 법칙 291최고의 능력은 투지 292백댄서의 기회 293위기 상황에서 보이는 능력 294아이디어를 내지 않는 이유 295홈런보다 안타 296보상과 창의성 297적의 무게 298직원들의 질 299다른 사람도 하는 것 300창조, 유니크, 글로벌 301명확한 진단 302반복 도전 303평범함에서 벗어나는 방법 304모범과 실패 305바뀐 게임의 법칙 306공통점이 없다는 것 307복원력 308고인 물 309실력과 스타 310흑과 백 311옆 사람의 성장 312스펙이란 313프로의 공통적 요소 314기회 담당자 315아이디어를 무시한 사례들 316과정과 결과 317마태효과 318차별화란 319변화 320의논의 힘 321간단하게 만들기 322직장인의 성공 323긴장감 324고객이 원하는 것 325벤처형 아이템을 성공시키기 어려운 이유 326최고의 품질 327수익이란 328스타트업이 대기업을 이길수 있는 비결 329조종사의 과실과 시스템의 과실 330일의 선택 기준 331대만 제일의 부자 비결 332전문회사와 큰 기업 333칭찬 받을 때 334초점 335성취동기와 권력동기 336약속을 지킴 337아이디어란 338원칙과 규칙, 그 다음에 339항복과 불명예 340최초 제품과 최초 브랜드 341신뢰성과 전문성 342성공은 문제를 은폐한다 343스토리와 전설 344번복하는 용기 345자기만족 346아이디어 347작은 시도와 실험 348변화와 아이디어 349파워포인트 350조직보존의 법칙 351효과와 효율 352고객을 향하는 현장 353평가에서 C등급을 받았을 때 354회사와의 관계 355오른팔 356혁신을 이룬 기업 3575 Why 358성장할 기회 359당당하게 말하라 360사업을 접는 기준 361 기업철학 362기업은 사장과 함께 망한다 363원원하기 364새로운 강자 365기업 스스로도 모르는 숨은 역량 366모든 사람이 스승 367성실과 열심이 성공비결이 아닐까?

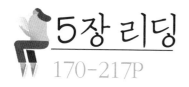

5장 리딩
170-217P

368최고의 상사, 최악의 직원 369기업 가에게 필요한 세 가지 370리더와 잘 맞는 구성원은? 371그 기업은 어디에 속하는가 372리더의 사이클 373리더의 기본 마인드 374후배와 상사를 대할 때 375튀는 사람 376주는 능력 377상사가 회사다 378컨설턴트와 경영자 379경영자의 질문 380회식 자리의 사장님 381왕관은 차에 두고 오라 382사장처럼 생각하는 사람 383세상에 작은 흔적 384충분한 토론 385팀장은 도대체 무슨 일을 해야 하는가? 386회사를 떠날 때 387상사를 대할 때 388로열티는 어떻게 생길까? 389다양성 곱하기 역량 390상자 밖에 있는 사람들 391권력이란 392긍정적 표정 짓기 393능력과 가치 394리더의 핵심 자질 395흥분시키는 비전 396사랑받는 비결 397파이를 키워라 398소탐대실 399철학과 원칙 400What do you think? 401상을 내릴 때 402열심히 해 403윗사람의 심리 간파하기 404적임자의 조건 405훌륭한 리더 406리더와 경영자의 차이 407조직의 힘 408사내 DB는 도움이 될까 409대기업과 벤처의 인재 유형 410시대정신에 맞는 리더십 411몰아서 할 것. 나누어서 할 것 412호칭의 공정함 413일관성 공정성 진정성 414직원들에 대한 투자 415상사가 못해야 즐겁다 416상사의 허풍 417착각 418시장파괴적인 혁신 419사고를 막는 법 420동기를 어떻게 부여하는가? 421사랑과 의지 422당장 멈추고 듣고 배우기 423사자부대와 토끼부대 424공격성과 야만 425성공한 사람과 훌륭한 사람 426기업인의 사명 427존경받는 리더십 428깨진 후에 429리더의 피드백 430직원들의 성장 431리더의 조건 432리더의 자격 433격려와 칭찬 434위임과 방관 435코칭과 간섭 사이 436좋은 사람 콤플렉스 437리더의 권한은 어디까지인가 438선하되 약하다 439경영자의 두 가지 눈 440여유를 주라 441절약과 쪼잔함의 차이 442무기력한 기업 443가르치지 않는 코칭 444대접받기 원하는 대로 대접하라 445리더들이 쓰는 말 446참여자라는 느낌 447사장의 칭찬 448리더십의 비결 449권위주의 450지시에 대해 451고집불통 452권력동기 453악질보스 454추진할 가치가 있는 전략 455목표달성보다 중요한 '신뢰' 456핵심결정 457감춰진 열정 458부하직원의 피드백 459쓰일 곳 460자기 확신 461격려 462독선을 제어하기 463협상과 신뢰 464직장에서의 행복 465적합한 역할 466처세의 비결 467창조적 무능 468애매한 지시 469의사결정 470큰 그림

471인간적인 협상 472흔들린다면 473방에 들어오라 474직원과 고객 475군주와 신하 476다음 단계로 발전시키기 위해서 477과수원의 법칙 478회복력 479사장님을 따르겠습니다 480장점과 역량 481오해와 소통 482잭 웰치의 사람 보는 눈 483 리더의 질문 484변화는 중간에서부터 485직장의 권력자 486보상의 사용법 487명장이란 488강점 찾기 489리더의 미션

6장 행복

218-247P

490불행해질 이유를 찾는 사람에게 491 원망의 희생자 492타인의 희생물이 되지 말자 493진짜 부에 대해 494인생은 짧다 495인생의 춘하추동 496어떤 사람 497수치심에서 벗어나는 방법 498베풀 수 있을 때 499공감 깨기 500어떤 인생 501힘들고 포기하고 싶은 순간에 502이등의 불행 503걱정을 버리기 504감사함에 대한 기록이 행복의 비법 505바로 지금 506순간순간의 행복 507행복한 결혼의 효과 508'겸손 가면'을 벗어 던지라 509열정과 직업 510가장 힘든 것은 외로움 511진실과 빛 512겸손과 비굴 513나이 들면 후회하는 일 514사랑, 열정, 에너지 515인생에 큰 도움이 되는 단순한 진리 516뚜벅이의 행복 517우리를 죽이지 못하는 것은 518하루하루 519행복을 만드는 것들 520경험을 사는 것 521면역 체계 522욕심과 행복 523가장 지키기 어려운 것 524감정에 관하여 525느긋함과 낙관 526그때그때 풀기 527존경받았지만 사랑받지 못했다 528담요를 불태워라 529 느림의 미학 530행복을 미루지 말자 531멋진 스토리 532일에서 의미 찾기 533아깝고 소중한 인생 534감사의 힘 535소망하는 방법 536긍정어 쓰기 537대충 살아도 괜찮다 538나는 충분하다 539계단을 올라갈 때 만난 사람들 540약할때 강하다 541위성이 아닌 빛나는 별 542당당함과 긍정 543착하게 살면서도 호구가 되지 않으려면 544새옹지마 545누군가에게 행복한 기억을 오래 남기려면? 546위기가 주는 기회 547직장과 가정 548다섯 개의 공 549평안 550즐겁게 살라 551나답게 사는 것 552괜찮다 553당신이 먹지 않으면 돌아간다 554합력하여 선을 이룬다 555죽음이 있기에 삶은 gift

흩어져 있는 지식을 조합하라.
상식을 뒤엎는 새로운 증거를 찾아라.
통념을 깨고 본질에 접근하라.

1. 통찰

001 시작과 끝은 동일하다

음악은 시작과 끝이 동일하다고 한다. '아하!'라는 생각이 든다. 다양하게 굴곡진 여행을 떠났다가 결국은 집으로 돌아온다는. 하나하나의 작품이 각각의 인생과 동일해 보인다.

모든 사람의 인생은 하나하나의 예술작품과 같다는 생각이 든다. 어떤 사람의 인생은 '베토벤의 영웅'과 같기도 하고 어떤 사람의 인생은 '쇼팽의 왈츠'와 같기도, 또 어떤 사람은……. 걸작이든 대중가요든 공통점이 있는데 그것은 끝엔 결국 집으로 돌아온다는 것.

002 무관련을 엮는 통찰

관련이 없어 보이는 것들을 연결시켜 통찰을 얻는 방법이 있다. 예를 들어 사랑은 전쟁이다. 움직임이다. 이런 식으로 두 가지 속성을 연결해 통찰을 찾는 것. 우주는 끈이다. 리스산업은 고리대금업이다. 이런 식으로 과학과 비즈니스에도 연결이 가능하다.

003 메타포의 장점

메타포metaphor를 통해 현상이나 사업의 본질에 더 가까이 갈 수 있다. 다른 업종으로부터 통찰도 얻을 수 있으며 어려운 부분을 사람들에게 설명하기도 쉽다.

004 완벽주의자가 아닌 완료주의자

일을 잘하는 분들 중 너무 많은 시간과 노력을 쏟는 분들이 꽤 있다. 툭 하면 밤을 새우고 마감직전에 일을 끝낸다. 여유가 부족하고 분주하다. 이런 분들은 대개 완벽하게 하려는 성향을 가진 분들이다. 물론, 완벽하고 깔끔한 일처리는 프로의 자세이고 멋지다. 중요한 일은 완벽하게 하는 것이 좋다. 그런데 모든 것을 완벽하게 하려면 너무 많은 시간과 노력이 들어 본인뿐 아니라 주위 사람들도 힘든 경우가 많다. 완벽을 추구하다 보면 미완에 그치는 과제들도 증가한다. 얼마 전 한 책을 읽었는데 저자가 이런 말을 한다. "완벽주의자가 아닌 완료주의자가 되라." 나는 책을 읽을 때 대충대충 읽는다. 대신 일단 끝까지 빠르게 단숨에 읽는다. 그리고 정독할 가치가 있으면 다시 읽는다. 처음부터 정독하면 앞쪽만 읽다가 끝나는 실패를 수십차례 경험한 후 바꾼 독서 습관이다. 나처럼 의지박약자는 정독으로는 책 한 권도 제대로 읽을 수 없다. 이에 '완료'를 목표로 한다. 덕분에 많은 책을 읽게 되었다. 책을 쓴다면? 대충 끝까지 써라. 일처리를 빠르게 하는 비결은? 나는 보고서를 만들 때 일단 처음부터 끝까지 대략 A4 백지에 손으로 스케치해서 빠르게 다 만든다. 이후 공식 문서화하여 수정 보완 한다. 당신이 완벽주의자에 독종이고 밤샘도 즐긴다면 상관없다. 그러나 완벽주의자이긴 한데 삶이 너무 힘들다면? 또는 나같은 의지박약자라면? 완벽하지 않아도 일단 끝까지 가 보는 '완료주의자'를 선택하는 것이 어떨까?

005 경험과 고정관념

과거의 경험과 학습이 일반적으로 유익이 되지만 독이 될 때도 있다. 고정관념으로 인해 새로운 변화와 혁신을 두려워하고 거부하게 된다. 과거의 경험과 진리가 통용되었던 환경이 변했음에도 불구하고 말이다.

006 100도의 기체를 만드는 1도

사소한 일에 이혼도 하고, 애인과 이별도 하고, 절친과 절교도 한다. 사소한 일에 조직을 떠나고 국가를 배신하기도 한다. 그러나 잘 생각해 보니 사소한 일 때문이 아니다. 이미 99도 상태에서 사소한 어떤 일이 1도를 증가시켜 100도의 기체로 만든 것이다.

주의할 것 중 하나는 누군가(또는 자신이 몸담은 그룹, 단체)에 대해 우연찮게 몇 가지의 서운함을 느끼면 이후 그의 모든 말과 행동이 그 서운함을 강화하는 쪽으로 간다. 상대는 아무 의도가 없었는데도 스스로 오해하다 자폭하기도. 이래서 평소 소통이 필요하다.

매에 장사 없고, 스트레스에도 장사 없다. 1도나 99도나 똑같은 액체 상태이기에 문제없다고 생각하지만 99도의 경우 사소한 상황 하나로도 상태가 완전히 변할 수 있다. 따라서 자신은 스트레스에 강한 체질이라 과신 말고 그때그때 풀어야 한다.

007 본질 찾기

'제품이나 서비스의 본질을 찾아서 새로운 가능성을 만들어 내는 실제적인 작업은 대체로 창업하는 업체들에게 유리하다'는 글을 읽었다. 기존 회사가 기존 서비스를 파괴하긴 어려우니 작은 회사, 신생회사는 기존회사를 흉내 내는 것이 아니라 새로운 각도로 접근해야 한다.

008 통찰과 성찰

'통찰'이란 무엇인가? '예리한 관찰력으로 사물을 꿰뚫어 보는것'이다. 다른 사람들과 다른 관점에서 사물을 보고 그 본질을 파악하여, 사람들에게 '아하'하게 만드는 것이 '통찰'이다. 반면, '성찰'이란 '자신의 마음을 반성하고 살피는 것'이다. 통찰은 시선이 '바깥쪽'이지만, 성찰은 '안쪽'이다.

009 주관적 상상은 금물

우리가 '내일' 어떻게 느낄지 가장 정확하게 예측하기 위해서는 다른 사람이 그것을 '오늘' 어떻게 느끼는지 보라. _대니얼 길버트 Daniel Gilbert, 하버드대 심리학 교수

어떤 선택을 할 때 자신의 주관적 상상에 의존하지 말고 그 선택을

지금 한 사람에게 물어보라는 것이다.

010 단순화하라

경제학자 폴 크루그먼Paul Krugman의 연구법에 이런 내용이 있다. '잘 들어라. 문제에 대해 다시 생각해라. 바보 같아 보여도 괜찮다. 문제를 단순화시켜라.'

011 욕구에 대해

살면 살수록 '매슬로Maslow의 욕구 피라미드'는 참으로 통찰력 있는 주장임을 실감하게 된다. 인간들이 아무리 날고뛰어도 매슬로의 피라미드 밖을 벗어나지 못한다. 부처님 손바닥 같다.

012 되면 좋고 안 돼도 괜찮다

'해야 해' '~여야 해' 라는 말을 자주 쓸수록 우울증이 크고 건강한 그룹보다 갈등이 높다고 한다. 그보다는 '되면 좋고 안 돼도 괜찮다'의 관점을 가지라. 최선을 다하는 것은 좋으나 세상에 'must'여야 할 것은 없다

013 일반화의 오류

과학적 연구결과나 통계치 등 사실적 근거 없이 한두 예화로 일반화하는 방식의 글을 보면 기분이 안 좋다. 그것도 일반인의 가벼운 블로그가 아니라 전문가들이나 기자들의 공식 기사라면 더 그렇다.

근거가 부족하다면 추정이나 가설이라고 해야 한다.

충격적인 예화 한두 가지로 주장을 유도하는 방법은 글쓰기 전문가들이 잘 쓰는 방식이다. 예화는 독자의 감성을 자극하기에 건조한 과학적 근거로 설득하는 것보다 더 효과가 있음이 분명하다. 그러나 책임 있는 분이라면 분명한 근거를 가지고 써야 한다.

의외로 어떤 현상의 정확한 인과관계를 도출하기란 매우 어렵다. A로 인해 B가 일어난다고 주장하려면 A가 아닌 경우 B가 일어나는 것, A일 때 B가 일어나지 않는 것과 비교해야 한다. 또한 상관관계를 인과관계로 오해하기 쉽다. 쉽게 단정하는 것은 위험하다.

014 그림 그리기

복잡한 현상과 의견일수록 말로 해서는 합의점을 찾기 어렵다. 그림 한 장으로 정리하면 논점이 뚜렷해진다. 때로는 한 장의 그림이 백 마디 말보다 낫다.

015 좋은 질문

사람들을 만나서 잘 들어 보면 참 배우는 것이 많다. 단, 많이 배우려면 좋은 질문을 해야 한다. 좋은 질문은 그 사람 속에 있는 광맥을 캐내는 것과 같다. 그러나 나쁜 질문을 하면 한담閑談만 하다가 끝나게 된다.

016 흔들릴 때는 한 번 더 생각

유명인들은 말 한마디, 글 한 줄로 그동안 쌓은 명예를 무너뜨릴 수 있음을 실감한다. 특히 감정이 격해지고 억울함을 느낄 때일수록 위험하다. 감정이 흔들릴 때는 똑똑한 사람들도 잘못된 의사결정을 내리기 쉽다는 것은 심리학적으로 증명된 사실이다. 흔들릴 때는 한 번 더 생각해야 한다.

017 어려운 결정이 필요하다면?

'어려운 결정을 내려야 한다면 동전을 던지라'는 글을 읽었다. 아니 운에 맡기라는 말 아닌가? 고민하는 일이 있다고 해 보자. 예를 들어 남친과 헤어질까 말까? 동전의 앞면이 나오면 '헤어진다', 뒷면이 나오면 '안 헤어진다'로 정해 본다. 회사를 갈까? 공부를 할까? 책을 쓸까 말까? 결혼할까 말까?도 마찬가지다. 그리고 던져라. 던지고 결과를 확인했을 때 '그래 역시 맞아'라고 생각한다면 그걸 하라. 만일, 확인했는데 '아냐 이것으로 결정하자'보다는 '최소한 삼세판은 해 봐야지'라고 스스로 말하게 된다면? 그걸 안 하면 된다. 왜냐하면 이건 자신이 원하는 게 아니기 때문이다. 자, 비결을 아셨으면 이제 골치아픈 선택이 생기면 동전을 던지시라. 당신의 진짜 속마음을 확인할 수 있는 비결이다.

018 완벽함의 적은 매력이다

완벽하다고 멋지고 매력이 있는 것이 아니다. '완벽'의 반대말은

'불완전'이 아니라 '매력'일 수 있다. 자신이 '완벽'하지 못하다고 고민할 필요가 없다. 그 '불완벽함'이나 '취약함' '약점'이 진짜 자신의 매력이 될 수 있을지 모른다. 자살로 생을 마감한 한 유명 정치인이 과거에 쓴 가상 유서를 읽었는데 이런 말이 있다. "이제 와서 고백하지만 난 너무 완벽한 인생, 후회 없는 인생을 추구해 왔다. 그 덕분에 내 인생은 너무 고달팠던 것 같다."

019 이미 정해져 있다

마이클 포터Michael Porter 교수의 말대로 '돈 되는 산업'과 '돈 안 되는 산업'은 분명히 구분된다.(물론 평균임. 같은 산업 내에서도 편차는 존재) 직업도 동일하다. 똑같이 고생해도 많이 벌 수 있는 곳과 적게 버는 곳이 어느 정도 정해져 있으니 사실 돈만 생각한다면 초기 선택이 중요하다.

020 진정한 융합

두 가지를 그냥 합친다고 융합이 되는 것은 아니다. 합쳐서 독특한 가치를 주어야 할 뿐 아니라 합칠 경우 감소될 각각의 강점을 잃지 않게 하는 노하우가 있어야 융합이 된다. 이것도 저것도 아닌 것은 융합이 아니다.

021 원래 그런 사람 아니야

사람은 어떤 행위를 했는지보다 어떤 사람인지에 대해 비난을 받

았을 때 더 깊은 수치심과 무력감을 느낀다고 한다. 그뿐만 아니라 반격하는 경향도 생긴다. 그러므로 '넌 원래 그런 놈이야', '넌 나쁜 놈이야', '구제불능이야', '돌대가리야' 식의 비난은 매우 위험하다.

상대를 비난하고 질책하더라도 '어리석은 짓을 했지만 원래는 좋은 사람'이라는 전제하에 한다면 관계는 충분히 회복될 수 있다고 한다. 그러나 상대를 구제불능으로 보거나 형편없는 인간으로 본다면 회복이 어렵다고.

행복한 부부나 연인은 잘된 일은 상대의 공으로 돌리고 잘못된 일은 상황 탓으로 돌리지만, 불행한 커플은 정반대라고. 상대가 모처럼 좋은 일을 하면 우연히 한 것이나 상황 때문에 어쩔 수 없이 한 것이고 부주의하면 그의 성격적 결함으로 돌린다고.

행복한 연인, 행복한 부부, 행복한 부자 관계의 마법 공식은 5대1이라고 한다. 긍정적 상호작용(애정표현, 유머 등)이 부정적 상호작용(짜증, 불평)보다 다섯 배가 넘어야 한다고. 애정표현이 적지만 행복하다면 비난의 횟수가 훨씬 적은 것이라고 한다.

022 자기 확신의 함정

부조화 이론에 의하면 자기 확신이 강하고 유명한 사람일수록 자신의 과오를 인정할 가능성이 낮다고. 빗나간 예측, 잘못된 판단에도 수십 가지 전제나 변명으로 자신을 정당화한다.

023 인간의 강력한 욕구

Ted 강의에 대한 분석에 의하면 청중들이 가장 듣고자 하고 공감을 느끼는 주제영역은 1. 사랑과 소속감 욕구 2. 갈망과 개인적 유익 3. 끊임없는 자기계발 4. 희망과 변화다. 사랑, 성공, 동기부여, 희망, 변화는 인간의 가장 강력한 욕구.

024 부란?

"부란 자유와 독립에 관한 것이다. 부란 원하는 것을 원하는 시간에 원하는 사람들과 원하는 만큼 할 수 있는 능력이다."_모건 하우절Morgan Housel "부란 독립심이다. 원하는 대로 살아가는 힘이다."_찰리 멍거Charlie Munger 부란 중립적이다. 자신이 어떤 관점을 가지는가에 따라 결국 자신의 모습을 가지게 된다. 부란 추구할 만한 것이지만 목적은 아니다. 결국 나다운 삶을 사는 훌륭한 도구다.

025 관찰과 관심

내가 하면 꼼꼼하나 남이 하면 쫀쫀하고, 내가 하면 관대하나 남이 하면 대충 넘어간다고 생각하는 것이 인간의 기본심리인 듯하다.

커뮤니케이션 세미나를 들으니 가장 강조하는 것이 '상대를 관찰하라'였다. 다이아몬드Stuart Diamond교수의 협상법 핵심 중 하나로 '상대의 감정에 민감하라'는 내용이 있다. 내 말이 아닌 상대의 말에, 내 감정이 아닌 상대의 감정에 집중하라고 하는데 쉽지 않다.

심리학자와 이야기를 해 보면 경영자들도 다들 성직자가 되어야 한다는 느낌이다. 채찍도 당근도 아닌 사랑과 인정, 자율, 경청 등이 동기부여의 핵심임을 강조한다. 나도 알지만 논쟁하게 된다. 그런데 왜 소위 인재라고 하는 많은 이들이 이런 회사보다 돈 많이 주는 회사를 찾을까?

026 해야 하는 일, 하고 싶은 일, 할 수 있는 일

'해야만 할 일', '하고 싶은 일', '할 수 있는 일'이 매칭될 때 가장 보람을 느끼고 효율이 오른다고 한다. 이를 다른 말로 하면 '경제적 소득이 있는 일', '열정을 가질 수 있는 일', '재능이 있는 일'이다. 짐 콜린스Jim Collins는 이 세 가지에 쏟는 시간이 전체 시간의 50퍼센트 이상이 되어야 한다고.

미국의 한 노동위생학자의 실험에 의하면 아주 재미있게 일을 하는 사람은 생산성이 3배, 피로도는 1/3이고, 아주 재미없게 일을 하는 사람은 생산성이 1/3, 피로도는 3배가 높아진다고. 결국 개인이라면 재미있게 일을 해야 하고 상사는 재미있게 만들어 주어야 한다. 그래서 상사의 유능함이란 직원을 어떻게 하면 재미있게 일하도록 하는가에 의해 결정된다. 직원이 아주 재미있게 일을 하면 생산성도 3배는 올라가고 피로도 1/3이나 덜 느끼니, 재미있게 하도록 하려면 하고 싶은 일을 주거나 해야 할 일을 하고 싶도록 해 주어야 한다.

직원들이 하고 싶은 일을 하게 하거나 해야 할 일을 하고 싶도록 동기를 일으켜서 일의 재미를 주면 리더와 직원 모두 윈윈일 텐데,

불행히도 직원들이 하고 싶은 일이 무엇인지도 모를 뿐만 아니라 하려는 일조차도 재미없게 하는 재주가 있는 리더들이 꽤 있다.

일에서의 가장 큰 보람과 성과는 '하고 싶은 일', '해야 할 일', '할 수 있는 일'이라는 3가지가 겹칠 때 발생한다고 한다. 이 겹치는 영역이 무엇인지 생각해 보자. 그리고 가능한 한 이 겹치는 영역이 더 커지도록 해 보자.

027 통찰

'통찰'은 두 가지로부터 얻는 듯하다. 하나는 머리에 조각조각 흩어져 있는 지식을 누군가 잘 조합해서 통쾌하게 정리해 줄 때, 또 하나는 누군가 상식과 통념을 뒤엎는 새로운 증거를 제시해 줄 때 깨달음의 즐거움을 느낀다.

028 칭찬의 힘

평생 가장 많은 격려와 사랑을 받는 때가 아기 때라고 함. 부모는 아기가 웃기만 해도, 말도 안 되는 단어를 내뱉어도, 뒤집기만 해도 신나하고 칭찬하고 격려한다. 그런데 성장할수록 점점 이러한 인정, 격려, 사랑을 받지 못하며 자라게 되니 결핍증상이 나타난다고.

나이 들어 보이는 사람의 증상은 1. 길게 말하고 2. 했던 말 또 하고 3. 왕년에 라는 말 많이 하고 4. 다른 사람 말 중간에 잘 끊고 5. 놀람과 기쁨의 표현을 잃고 늘 무표정하다고 한다.

어떤 실험. 한 그룹에서 가장 매력 있고 리더십 있는 학생과 꼴찌인 학생을 비밀투표로 뽑은 후 꼴찌에게 네가 가장 매력 있고 리더십 있는 학생으로 뽑혔다고 말해 주었다. 그러자 그가 변했고 리더십을 보이기 시작해 이후 평가에선 정말 높은 점수를 보였다고 한다.

칭찬과 인정에 대한 심리실험들을 보면 1. 그 사람의 역량을 넘어선 과도한 칭찬은 위험하다. 그가 그 기대를 이루기 어렵기에 오히려 좌절하고 거짓말할 수 있다. 2. 그가 감당할 한계 내에서의 칭찬이라면 좀 과장이라도 마음껏 해라. 그는 그것을 이룰 것이다.

오늘 어떤 세미나에 갔더니 강사가 참석자들이 이야기할 때마다 '와아!'하며 박수를 치자고 한다. 쑥스러웠지만 그렇게 하니 다들 이야기한 후에 행복해했다. 감탄 한마디와 손뼉 몇 번으로 다들 즐거운데 삶에선 왜 이리 인색하고 심각해질까? 전쟁이나 싸움하듯.

'와', '멋져', '아', '잘했어', '그렇구나', '괜찮은데', '고마워요', '최고야', '아름다워', '신나는데', '아하', '너무너무'……. 이런 단어들이 제대로 나오지 않기 시작하는 순간부터 굳어져 간다는 느낌이 든다. 이 마비가 풀어져야 할 텐데.

029 적절한 휴식

일이라는 것은 자신의 능력에 비해 과소하면 지루함을 느끼게 되고, 약간 과도하면 스트레스를, 왕창 과도하면 좌절을 느끼게 된다. 몰입을 위해서는 자신의 능력에 맞아야 하는데 자신이 선택하기 어려운 경우 지루함, 스트레스, 즐거움, 좌절 사이를 왔다갔다 한다.

비슷한 능력을 가진 연주가 지망생에 대한 관찰 결과, 이후 프로연

주가로 성공한 사람들의 비결은 연습시간 외의 적절한 휴식이라고 한다. 글래드웰Malcolm Gladwell의 '1만 시간 법칙'은 적절한 휴식을 무시했다고 한다. 운동, 예술, 종교 등 자신만의 스트레스 해소법, 번아웃 방어법은 필수.

항상 얼굴에 '스트레스'라고 써 붙이고 다니는 임원이 있었다. 그것을 해소하는 것도 리더의 중요한 자질이라고 하며 무언가 배우기를 권했다. 이후 권투를 배우더니 얼굴이 많이 밝아졌다. 상사인 나를 샌드백으로 생각하고 마구 때리니 '스트레스'가 사라져 가는 듯.

030 혁신은 예술과 과학의 만남

혁신은 예술과 과학의 만남이다. 과학은 이것을 '언제 어떻게 얼마나 싸게 생산할 것인가' 하는 부분을 담당하며, 예술은 '자유로운 아이디어' 부분을 맡는다. 혁신은 이 두 가지가 더해질 때 탄생한다. _잉게 툴린 Inge Thulin, 3M회장

031 소질이란

독일의 오스트발트Wilhelm Ostwald는 중고교시절 부모의 권유로 문학을 배웠으나 선생님에게서 소질이 없다는 말을 들었다. 이후 부모는 미술을 시켰으나 별로였다. 평소 오스트발트가 꼼꼼한 것을 옆에서 보았던 화학 선생님이 화학 공부를 권했고, 화학을 배우게 되자 두각을 보였다. 이후 노벨화학상 수상.

032 의미가 없으나 의미를 창조할 수 있다

현재까지 가장 타당한 과학적 가설은 '인간은 우주의 중심도 아니고 우주의 목적도 아니라는 것'이다. 우주는 인간에게 어떤 목적도 가치도 제공하지 않는다. 우주는 물질적이고 기계적이며 자연의 법칙에 따라 움직일 뿐이다. 인간도 세계도 목적이 없다. 선과 악의 가치가 없다. 과학은 세상이 본질적으로 허무하고 의미가 없음을 밝힌다. 그런데 흥미롭게 그 인간은 의미없는 곳에서 의미를 창조할 능력을 가지고 있다. 이러한 오묘함에 신의 존재를 부인하기도 어려운 듯.

033 조금 풀어질 때 나오는 아이디어

아이디어가 가장 잘 떠오른 장소들의 순위는 '화장실, 침대, 목욕탕, 도서관, 자동차 안'이라고 한다. 하루 중에 가장 많은 생활을 하는 직장이 아이디어가 잘 떠오르는 장소에 포함되지 않은 것을 보면 아이디어는 조금 풀어질 때 나오는 듯하다.

034 소셜 모빌리티

건강한 사회란 'Social mobility'가 가능한 사회라 한다. 즉, 가난하게 태어나도 노력하고 재능을 발휘하면 최고 위치에 오를 수 있는 사회. 그 위치에 오른 사람들이 사욕을 품고 자신들이 올라왔던 사다리를 걷어차면 건강한 사회는 사라진다고.

최고의 성공을 거둔 사람들이 하는 '과거 자신이 어려운 적이 있어 어려운 사람들을 잘 이해한다'는 등의 말은 웬만하면 믿지 않는 것이 좋을 듯. 자신의 자식은 최고 대학에 유학 보내면서 다른 학생들에게는 스펙이 필요 없느니 등의 발언을 하는 것을 들으면 우스움. 솔직한 편이 낫다.

특권층이 베푸는 것은 단기적으로 손실처럼 보이지만 이는 사회를 건강하게 만들고 장기적인 지속성에도 훨씬 도움이 된다고. 워렌 버핏Warren Buffett이 부자들 세금 더 내자고 주장하는 것은 더 도덕적이라서가 아니라 자신의 부를 더 오래 유지하는 비결임을 이해하기 때문이다.

035 복잡한 것과 혼란스러운 것

복잡한 것과 혼란스러운 것은 다르다고 한다. 복잡함 자체가 문제가 아니라 혼란스러움이 문제라고. 매우 지저분해 보이고 복잡해 보이는 책상이 있다고 해도 나름대로 질서를 가지고 있어 책상의 주인은 혼란스러워하지 않는다면 책상을 치우는 것이 오히려 혼란을 가져온다.

그동안 '단순한 것'이 좋은 것이라 여겼는데 한 책을 읽다 보니 생각이 바뀌게 된다. 사람들은 '복잡한 것'도 즐긴다고. 인스턴트커피를 원하기도 하지만 복잡한 과정을 거쳐 시간을 투자해서 추출한 커피도 원하는 것. 자신의 일에 정통할수록 복잡함을 추구하게 되는 것이다.

사람들은 심플한 제품만을 원하는 것은 아니라고 한다. 모두가 다 단순한 전자기기를 원하지는 않는다. 풍부하고 만족스러운 삶을 추구하려면 복잡함이 필요하다고. 중요한 것은 심플한 제품을 만드는 것이 아니라 복잡함을 쉽게 길들일 수 있는 방식의 설계.

036 규칙과 창의

우리는 일반적으로 '규칙'은 '창의'와 상반된다고 생각한다. 그러나 최고의 예술가들은 소재나 재료 등에 스스로 몇가지 제약을 걸어놓고 그 제약 가운데서 다양한 시도를 한다고 한다. 성공한 기업들도 몇가지 중요한 원칙과 규칙을 정해 놓고 그 안에서 융통성과 자율성을 발휘하도록 한다.

037 우연의 발견 (세렌디피티)

이노베이션Innovation의 친구는 세렌디피티Serendipity. '세렌디피티'의 사전적 의미는 완전한 우연으로부터 중대한 발견이나 발명이 이루어지는 것을 말하며 특히 과학연구 분야에서 실험 도중에 실패해서 얻은 결과로 중대한 발견 또는 발명을 하는 것을 말함. 그렇지만 단순한 행운이나 우연이 아니라 무엇을 열심히 탐구하는 자에게만 찾아오는 성과다. 원래 목적했던 것만은 아니라는 의미다. 무언가를 찾다가 다른 가치 있는 것을 발견하는 경우도 많다. 중간에 예기치 않은 행운이나 우연한 점프가 있기에 가능한 것이다. 그러나 분명한 것은 그 행운도 노력하고 시도하는 자에게 찾아올 가능성이 높다.

만일 행운이 없다면 재능 있고 노력하는 사람들은 모두 성공할 것이다. 그러나 성공은 '재능+실력+행운'이기에 특이한 현상이 종종 일어나는 것 같다. 단지, 방법을 배우고 죽도록 노력한다고 성공하는 것은 아니지만 확률이 높은 것은 분명하니 실망할 필요는 없는 듯.

038 디자인에 대해

디자인은 사물의 외관을 아름답게 보이는 기술이
아니라 실제 사물을 관찰하면서 단편화된 요소를
하나의 형태로 통합하는 '창조적인 지적 방법론'이라 한다.

039 사람은 이득을 따른다

사람은 이득을 따른다. 사람들은 대개 현명해서 현재의 시스템하
에서 자신들이 가장 이득이 되는 방향으로 움직일 뿐이다. 그 흐름을
바꾸기 위해 억지로 사람의 본성을 바꾸려는 시도를 한다면, 그 시도
야 말로 가장 어리석은 시도다. 이게 성공했다면 우리 인간은 벌써
예수님이나 부처님같이 되었을 거다. 심지어 '이타심'도 '이득'에서
나온다. 지도자들이 정말 세상이 바뀌길 원한다면, 사람 자체를 비난
하거나 처벌하거나 바꾸려는 노력 대신 '이득'을 좇는 사람들의 성향
을 이해하여 이에 맞게 자연스러운 흐름으로 바꿀 시스템을 만들고
실행해야 한다.

040 종교나 철학의 영향

종교나 철학이라는 것이 어떤 국가와 사회에 엄청난 영향을 미친다
는 것은 분명해 보인다. '인생'을, '일'을, '부'를, '윤리'를 어떤 시각으
로 보는가는 개인의 삶의 방향뿐 아니라 국가의 방향도 바꿀 수 있다.

가끔 예수, 마호메트, 공자, 베버, 프로이트, 다윈 같은 분들이 우리에게 무슨 영향을 미쳤는지 피부에 잘 다가오지 않지만, 실제로는 국가와 사회에 엄청난 영향을 끼쳤고 여전히 끼치고 있다는 것. 삶의 기저가 되는 것이 바로 종교요, 사상이라는 것.

041 비이성적인 사람이 만드는 진보

버나드 쇼George Bernard Shaw가 말하길 '이성적인reasonable 사람은 자신을 세상에 맞추지만 비이성적인Unreasonable 사람은 세상을 자신에게 맞추기 위해 투쟁한다. 그래서 인류의 진보는 비이성적인 사람이 이룬다'고.

042 충고를 위한 충고

충고의 6가지 원칙. 싫어하는 것을 단도직입적으로 지적하지 말 것, 결점만 열거하지 말 것, 다른 사람과 비교하지 말 것, 지나치게 엄격하지 말 것, 오래 장황하게 말하지 말 것, 같은 말을 되풀이하지 말 것.

043 두 가지 질문

자신을 속박하고 있는 전제나 한계를 극복하기 위해서는 다음의 두 가지 질문을 항상 던져야 한다고 한다. '왜 그런가?', '왜 그렇게 되어서는 안 되는가?'

044 시대의 변화

하루하루 전혀 변화가 없어 보이는데 어느 순간 덥수룩해진 머리칼처럼 세상의 변화, 트렌드도 동일해 보인다. 매일매일 특별한 변화가 없어 보이는데 어느 순간 확 변해 있는 상황을 보며 깜짝깜짝 놀라곤 한다.

시대가 사건을 만드는 것인가, 사건이 시대를 만드는 것인가? 예를 들어 히틀러의 등장으로 나치즘이 나타난 것인가? 아니면 그 시대정신이 히틀러 같은 사람을 등장하게 한 것인가? 상반된 의견이 있는데 세상 돌아가는 것을 보면 시대가 사건을 만드는 듯.

045 일하는 즐거움

칙센미하이Mihaly Csikszentmihalyi에 의하면 일하는 즐거움이란 우리에게 스트레스를 주는 과도한 요구와 우리를 지루하게 만드는 과소한 요구 사이에 있는, 상대적으로 좁은 틈에서 생긴다고 한다. 심신이 탈진할 만한 업무환경, 스트레스가 없이 편한 업무환경 둘 다 즐거움을 빼앗는다고.

일에 대한 즐거움은 도전과 능력이 합치되어야 발생한다고 한다. 큰 도전인데 능력부족이면 스트레스와 좌절이, 능력은 큰데 작은 도전이면 지루해짐이 발생. 자기 능력의 경계선 부근 정도에서 일할 수 있다면 최상의 조건이라고 한다.

밤낮으로 일하면서도 자신의 일에 만족하는 경우들을 분석해 보니 가장 큰 요인은 '자유의지'였다고 함. 자신이 언제, 어디서, 무엇을,

어떻게 일할지 스스로 결정하는 경우 설령 보통사람들이 보기에 번 아웃될 것 같은 환경에서도 별로 지치지 않았다고.

만일 일이 별로 흥미롭지도 않고 도전적이지도 않으며 자유의지가 없다면? 흥미롭게 만들든지 아니면 그만두든지. 그런데 실제 창의적 생각으로 흥미롭게 만드는 사례도 종종 있다. 마트 계산대의 한 점원이 고객들의 이름을 외우기로 결심해서 고객관리자로 자신을 포지셔닝한 사례다.

연구에 의하면 일을 최소화하면서 자유 시간을 최대화하는 것이 절대적 만족감을 주지 않는다고. 일이 없어 발생하는 스트레스가 더 크다고 함. 결국 일을 하되 즐거울 수 있는 길을 찾아야 하는 것이다. 환경을 바꾸든지 태도를 바꾸든지 방법을 바꾸든지.

일련의 심리학자들이 연구한 프로젝트에 의하면 저널리즘 분야에서 일의 의미와 의욕이 가장 낮았다고 한다. 이들은 사회, 정치적으로 중요한 주제를 다룬다는 꿈이 있었지만 강압적으로 화젯거리를 보도하고 광고주에 대한 부정적 스토리를 피해야 했기에 의욕이 가장 낮았다고.

자유 의지

046 합리적 낙관주의

'무조건 잘될 거야'라는 낙관적 사고와 '안될 가능성이 높아'라는 비관적(또는 비판적) 사고 중 어느 쪽이 삶에 더 도움이 될까? 결론은 두 가지의 혼합이 가장 적절한 전략임이 밝혀졌다. 스톡데일 패러독

스나 빅터 플랭클에 의해 제시된 '합리적 낙관주의'가 그것이다. 궁극적으로는 낙관적 희망을 견지하되 과정은 현실적으로 보라는 것이다. 궁극적으로 '잘될 거야', '성공할 거야'로 믿는다. 그러면 '자기 실현'이 효력을 발휘한다. 그러나 과정에는 실패도 있을 수 있음을 예상하고 보수적으로 계산한다. '내 사전에 불가능이 없다'고 했던 나폴레옹도 부하들에게 항상 '반드시 이긴다'고 말했지만 작전을 세울 때는 치밀했다고 한다. "작전을 짤 때는 '겁쟁이'가 되어야 한다"고 했다.

047 다른 영역에서 아이디어 찾기

동일한 영역에서 아이디어를 빌리면 도둑이라 하고 비슷한 영역에서 빌리면 똑똑한 사람이라 하며, 다른 영역에서 빌리면 창의적인 천재라고 한다. 데이비드 머레이 _David Murray

다윈Darwin은 지질학에서 아이디어를 빌려 생물학에 적용했으며 내쉬John Forbes Nash는 포커게임에서 빌린 아이디어로 경제학 논문을 썼다고. 기상학자 리처드슨L.F.Richardson은 박쥐에 심취하다가 레이더 아이디어를 얻었다고 한다. 이렇게 다른 분야에서 아이디어를 빌리는 사람들을 창의적이라 한다고.

048 중간 레벨 직업의 수요

한 책을 읽다 보니 미국 중산층의 급격한 감소에 대한 한 원인으로 중간 스킬 업무의 글로벌 소싱, 자동화를 들고 있다. 최고 스킬이 필요한 업무(고위 경영진, 변호사, 의사 등 전문직) 수요는 점점 증가하고, 저

스킬 업무 수요도 증가하나 중간 스킬 업무는 급격히 감소한다고.

낮은 레벨 직업의 수요는 증가하고 최상위 레벨 직업의 수요도 증가하나 중간 레벨 직업 수요는 점차 감소하는 것이 미국의 상황이라면 국내도 그 트렌드에서 벗어나기 어려울 것. 그러면 중간 스킬의 사람들이 낮은 레벨 직업으로 내려가거나 최상위 레벨로 올라가야 하는데…….

049 바꾸려 하지 마라

부정적 감정일때 억지로 긍정으로 바꾸려 하지 마라. 뇌가 혼란스럽다. 그냥 인정하고 집중할 다른 것을 찾고 딴생각으로 전환하라. 낙심 시 화이팅! 하라는 조언은 큰 도움이 안 된다. 힘든 친구에게는 그냥 공감하고 딴 재미있는 이야기로 화제를 바꾸라. 부정적 감정은 먹이를 줄수록 커진다. 부정적 감정이 떠들어도 싸우거나 이기려 하지 말고 인정하되 무관심하고 먹이를 안 주면 자연히 사라진다.

050 카리스마

카리스마란 강해 보이는 이미지에서 나타나는 것이 아니라고 한다. 청중의 필요를 알고 능숙하게 소통하는 과정에서 나타난다고. 워렌 버핏은 진흙탕 같은 금융세계에서도 세파에 물들지 않은 정직하고 친밀한 아저씨 같은 느낌으로도 강력한 카리스마를 발휘하고 있다고.

'만일 내 IQ가 160이라면 나는 40만큼은 남에게 팔아 버렸을 것이

다.' _위렌 버핏

똑똑하다는 자부심으로 단순한 일도 어렵게 만드는 것은 경영에 큰 도움이 안 된다는 말씀.

051 돈과 가치

자신이 제공하는 노동력, 서비스 또는 물건의 가격은 그 가치로 결정된다. 자신이 회사에 있든 사업을 하든, 자신이 하는 일이 어떤 가치를 얼마나 창출하는가에 초점을 맞추라. 자신이 창출하는 가치를 올리기 위해 무엇을 개발하고 무엇을 개선할지에 초점을 맞추라. 자신의 노동력의 가치에만 머물지 말라. 자신의 시간만을 팔지 말라. 그 이상의 가치를 제공하기 위해 사람들을 고용하고 시스템을 만들라.

주어진 일만 하면 주어진 급여만을 받는다. 타인처럼 일하면 타인만큼만 받는다. 일을 통해 자신이 제공할 수 있는 가치를 올릴 수 있는 역량을 확보하라.

자신이 제공하는 가치를 싸구려로 만들지 말라. "나는 돈이 중요하지 않아", "돈은 상관없어요"라는 태도는 당신이 엄청난 부자가 된 후 사용할 수 있는 말이다. 자신의 가치를 당당하게 주장하라.

052 감사와 미움

감사는 돌에 새기고 미움은 모래 위에 새기라는 문구를 보았다. 은혜, 사랑, 감사는 잊지 말되 걱정, 원망, 미움은 마음속에 담아 두지 말고 다 털어 버려야.

053 낙천적 성향

스스로에 대해 낙천적이고 관대한 성향은 부정적인 부분도 있지만 긍정적인 효과가 훨씬 크다고. 자신의 미래를 긍정적으로 생각함으로써 조금 더 행복할 수 있고, 새로운 도전도 과감히 할 수 있다고. 단, 낙천적 성향으로 인해 발생 가능한 위험들만 기억한다면 말이다.

자신에 대해 관대하고 낙관적인 인간의 성향은 긍정적인 면이 더 많다고. 자신의 미래에 대해 희망적이고 스스로를 실제보다 높다고 평가하기에 자존감을 가지며 살 수도 있고, 조금 더 미래지향적이며 과감한 모험도 할 수 있게 된다고 한다.

너무 낙천적이라 자신이 산 주식은 오를 것이고 자신이 산 집은 떨어지지 않고 자신은 병에 걸리지 않는다고 생각하는 등 자신에게 닥치는 위험을 과소평가함으로써 큰 피해를 입을 수도 있지만 이런 면을 기억한다면 기본적으로 낙천적 성향의 장점이 더 크다.

054 대중의 위대함

일반인 강사들이 많아지고 있다. 유명인 강사들의 강연을 듣고 감탄은 하지만 자신과 먼 이야기임을 실감할 때가 많다. 일반인 강사들의 강연에는 공감과 격려를 느낀다고. 일반인들의 성공과 실패, 웃고 울었던 스토리들이 강연의 소재가 될 수 있다.

유명인의 강의를 듣거나 책을 읽을 때 많은 사람들은 감탄한다. 그러나 그들의 성공 비결을 실행하려다 보면 좌절하게 되는 경우가 많다. 타고난 머리, 강력한 의지력을 흉내 내기 쉽지 않음을 깨닫게 된다. 그래서 일반인들의 성공과 실패 스토리가 공감력이 강한 것.

세상에 사는 모든 사람들은 각각 자신의 스토리가 있다. 일평생 살면서 독특한 스토리가 하나라도 없는 사람이 있을까?

인터넷, SNS, 블로그, 유튜브 등이 세상을 혁신하고 있는 것은 분명하다. 과거에는 소수의 엘리트들만이 세상의 의견과 여론을 주도했지만 점점 일반인들도 이 가능성을 갖게 되었다. 미래에는 더더욱 진정한 민주주의가 실현될 것.

일반인들이 아닌 엘리트들이 주도해야 세상이 더 나아진다는 사상은 독재국가나 공산주의에서 강하게 주창되었던 사상이다. 그러나 역사는 민주주의가 비효율적인 것처럼 보이지만 결국 더 효과적이고 지속가능성이 높음을 입증했다. 대중, 일반인들을 무시하면 안 된다.

055 공정이란

실험 하나. 어떤 작업을 달성하면 한 침팬지에게 오이를 주었고 다른 침팬지에겐 포도를 주었다.(침팬지는 오이보다 포도를 좋아함) 한 침팬지에게 오이를 주었을 때 잘 먹었다. 그런데 다른 침팬지에게 포도를 주는 것을 보자 오이를 던져 버리고 광분했다. '공정'의 문제이기 때문.

'공정함'이란 참 어려운 이슈. 사람들은 절대적 처우보다 상대적 처우에 더 예민해진다. 특히 유사한 성과를 냈다고 생각하는데 상대보다 더 낮은 대우를 받을 경우! 설령 절대적으로 높은 대우를 받고 있음에도 열 받게 된다. 때론 모르는 게 약.

056 가장 민주적인 것들

전자기기는 가장 민주적인 물건이라는 생각을 한다. 억만장자라고 해서 특별한 스마트폰이나 특별한 TV를 가질 수 없는 것을 보면. 사실 억만장자들을 부러워하지만 잘 생각해 보면 보통사람들에 비해 특별히 가질 수 있는 것이 많지 않다. 책이나 음악, 영화, 드라마 등도 상당히 민주적인 듯. 억만장자라고 특별한 책, 음악, 영화, 드라마를 즐기는 것은 아니니.

057 독특함이란

나에게 유럽 도시들이 뉴욕이나 상하이보다 매력 있게 보이는 것은 과거와 현재의 매력이 공존하고 있기 때문이다. 새롭고, 높고, 빠르고, 화려한 것보다는 새것과 옛것, 느린 것과 빠른 것, 소박한 것과 화려한 것이 조화를 이룰 때 더 멋져 보임.

글로벌화되고 세계가 동조된다는 것은 후진국들이 빠르게 선진화될 수 있다는 장점이 있는 반면 과거 교통과 소통이 없었을 때 발생했던 각 나라의 다양성과 독특성은 사라져 간다. 가장 효율적인 것이 전 세계의 표준으로 자리 잡는다. 옷도 집도 음식도 예술도.

058 젊은이들에게 하는 조언 3가지

슈워츠먼Stephen Schwarzman 블랙스톤 회장이 젊은이들에게 조언하는 3가지. 첫째, 지식 기반 사회인 만큼 최대한 교육을 많이 받아라.

둘째, 성장가능성이 있는 분야를 선점해 그 분야의 전문가가 되라. 셋째, 확실히 훈련받았는지 검증받아라. 지식만 많다고 되는 게 아니다.

059 상대가 원하는 것

마음이 여린 사람은 쉽게 설득당하여 자신이 진정 필요하지도 원하지도 않는 것을 받아들이게 된다. 자신이 진정 원하는 것은 굳은 의지로 완성하고 그렇지 않은 것은 과감히 물리쳐야 한다.

상대도 만족시키면서 상대로부터 내가 원하는 것을 어떻게 얻는가? '거짓, 사기, 권력'을 쓴다면 내가 그것을 얻을 수 있지만 상대는 만족하지 않을 것이다. 전문가들은 두 가지 비결을 말함. 한 가지는 신뢰를 얻어라. 또 한 가지는 상대가 원하는 것을 제시하라.

060 어떤 사람을 신뢰하게 되는가

신뢰할 수 있는 사람의 가장 큰 특징은 '일관성'이라고 한다. 어려운 상황이 되면 태도가 돌변하는 사람, 높은 이에게는 한없이 친절하나 낮은 이에게는 함부로 대하는 사람, 앞에서는 좋은 말만 하다가 뒤에서는 험담하는 사람들은 신뢰받기 어려움.

부드럽고 친절한 사람에겐 신뢰감이 들지만 강하고 엄한 사람은 신뢰감이 들지 않는다고 생각할 수 있다. 그러나 이는 오해! 앞에서 부드럽고 뒤에서 냉냉하다면, 잘 나가는 이에게는 부드럽고 그렇지 않은 이는 하찮게 여긴다면 신뢰받지 못한다. '신뢰'의 초점은 '일관성'이기 때문.

신뢰할 수 있는 사람의 또 하나의 특징은 '진실성'이라 한다. '일관성'이 있다 해도 일관되게 거짓말만 하는 사람이라면? 거짓말을 밥 먹듯 하는 사람, 자신의 잘못을 인정하지 않고 꾸며대는 사람은 신뢰하기 어렵다.

'신뢰는 기꺼이 약해지겠다는 마음이다. 즉 누군가 내게 해를 끼칠지도 모르는 위험을 기꺼이 감수하겠다는 마음이다.' _린다 스트로 Linda Stroh

061 '새해 복 많이 받으세요'라는 말

'새해 복 많이 받으세요'라는 말을 많이 들으며 무엇이 '복'일까 생각해 보게 된다. 한자로 '복'자는 '보일 시+가득할 복'이 결합된 글자로 '하늘에서 내려 주는 가득함'이라는 의미라고.

중국문헌에는 '오복'이라고 하여 1. 장수하는 것 2. 부자가 되는 것 3. 덕을 베푸는 것 4. 몸과 마음이 건강한 것 5. 편안히 죽는 것이라고 한다.

'복'이라는 글자에 '하늘에서 내려 주는 가득함'이란 의미가 들어 있다. 배가 가득한 것, 통장에 현금이 가득한 것, 몸에 건강이 가득한 것뿐 아니라 머리에 지적 즐거움도 가득하고 마음에 열망, 사랑, 즐거움, 위로, 베풂과 천국도 가득하길 원한다.

중국의 오복을 한 문장으로 요약해 보자면 '이 세상에 태어나서 몸과 마음이 항상 건강하고, 물질적 풍요도 누리며, 항상 남에게 베푸

는 삶을 살면서, 오래오래 살다가 편안히 죽는 것.'

062 스트레스와 자율성

데시Edward Deci교수의 실험 결과, 윗사람이 스트레스를 받으면 자연스럽게 아랫사람들을 통제하고 압박한다고 한다. 결국 높은 위치에 있는 경영자, 부모, 교사들 자신의 자율성이 뒷받침되지 않는 한 직원이나 학생들의 자율성을 이끌 가능성은 낮다는 것.

직원들의 자율성을 유도하는 것이 통제하고 지시하는 것보다 훨씬 어렵고, 훨씬 더 많은 노력과 능력이 요구된다는 말이 공감된다. 대화하고 질문해 주고 스스로 판단하도록 도와주는 것보다 지시하는 것이 훨씬 쉽고 빠르기에. 해열제나 두통약을 쓰듯.

063 내부 고발자

우리의 생활 속에 우리가 저지른 '오류', '실수' 등에 대해 경고해 줄 내부 고발자가 필요하다는 글을 읽었다. 비평에 기분 좋은 사람은 없다. 높이 올라갈수록 더더욱 어렵다. 결국 우리를 지지하지만, 사실은 사실대로 말해 줄 친구나 부하나 상사를 두어야 한다.

064 다른 분야에 대한 관심

자신이 속하지 않은 다른 분야의 실행을 연구하는 것은 참으로 중요하다. 자신의 분야에 대한 벤치마킹으로는 발견할 수 없었던 새로운 아이디어들을 발견하게 된다.

065 실패와 패배

삶에는 성취보다 더 많은 실패와 상처들이 존재한다. 그러나 실패가 두려워 아무것도 하지 않는 것이 가장 큰 패배다. _조앤 롤링 Joan K. Rowling

066 채찍과 당근

'채찍과 당근이 효과가 있다'고 하지만 우리는 당나귀가 아니고, '칭찬은 고래도 춤추게 한다'고 하지만 우리는 고래가 아니다. 채찍과 당근이 필요하지만 기계적으로 사용해서는 안 된다. 사람에 대해서는 조금 더 본질적인 이해가 필요하다.

067 친절

모든 사람에게 친절하라. 친절해서 잃을 건 하나도 없지만 반대의 경우 많은 것을 잃을 수 있다. _지글러 Zig Ziglar

특히 겉모습을 보고 판단하여 좋은 겉모습의 사람들에게만 친절한 것은 위험!

068 남자와 여자

남자들이 생각하기에 여자들이 좋아하는 것과 여자들이 생각하기에 자신들이 좋아하는 것 사이에는 간격이 꽤 크다고 한다. 남자들이여! 로맨틱하려면 조금 더 손발이 오그라들어야 하고 조금 더 오버해야 할 필요가 있다.

069 남자들의 모험과 용기

여자들에게 남친의 가장 바람직한 특성이 무엇이냐고 질문하면 대부분 '친절'이라고 한다. 그러나 실제로는 '모험과 용기'에 가장 큰 점수를 준다고 한다. 그러므로 남자는 자신의 이타심을 어필하기보다는 도전과 모험 등을 어필하는 것이 낫다고.

070 부정과 낙관의 기록

목표를 달성하려 할 때 부정적인 태도는 당연히 목표달성에 방해가 된다. 그러나 무조건 낙관하는 것도 좋은 결과를 낼 수 없다는 실험결과가 있다. 목표 달성 시 혜택을 기록하되 또 한 면에서는 닥칠 난관을 예상하고 극복 방안을 기록해 볼 때 가장 효과적이라고.

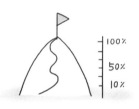

071 목표 나누기

단순한 희망만으로는 하고자 하는 바를 달성할 수 없다. 실험에 의하면 희망을 목표로 정하고 그 목표를 다시 중간의 작은 목표로 나누어 정의하고 이를 주위에 선포할 때 가장 효과가 있다고.

072 칭찬의 방법

1등, 100점, 승리, 수재……. 이런 결과나 능력에 대해서 칭찬받으면 앞으로도 그렇게 이루어 내야 한다는 압박감 때문에 때로 피하고 거짓말을 하기도 한다. 그러나 새로운 시도, 노력 등 과정에 대해 칭찬받으면 새로운 시도와 노력에 초점을 맞추게 된다고 함.

연구에 의하면 좋은 칭찬은 결과나 능력에 대한 칭찬이 아니라 과
정에 대한 칭찬이라고. '그렇게 노력하더니 이뤘구나! 그렇게 큰 스
트레스를 이겨 냈구나!' 식의 칭찬이 '머리가 좋구나! 능력이 뛰어나
구나! 넌 항상 성공할 거야!'보다 좋은 칭찬.

칭찬이 뛰어난 아이, 뛰어난 직원을 만드는 비결인 것처럼 말하지
만, 연구에 의하면 결과나 재능에 대한 칭찬은 오히려 실패할 상황을
피하게 하고 거짓말을 하게 하는 등 역효과가 크다고. '머리가 좋구
나! 능력이 대단해! 100점 잘했어!' 등은 좋지 않은 칭찬.

073 침착을 유지해야

과도한 긴장, 공포, 당황 가운데서는 어이없는
의사결정을 하기 쉽다. 불안할수록 침착을 유지!

스쿠버 다이버들이 물속에서 공포가 닥치면 물 위로 떠오르면 되
는데 어리석게도 답답한 기분에 마우스피스를 빼서 물을 먹어 익사
한다고 함.

074 멍때리라

집중할 때보다 멍하니 있을 때 뇌의 부위가 활발하게 된다고 한다.
어떤 일을 할때 특정부위만 활성화되지만 멍하게 있으면 에너지가
뇌 전체로 분산되어 유기적 연결이 일어나고 새로운 발상과 아이디
어가 생긴다. 잠을 자면서도 문제가 해결된다. 그러므로 집중하는 시

　　　　　　　　　　　　　　1장. 통찰

간과 멍때리는 시간을 조합하라.

075 예측의 기술

일반인들에게는 우주선이 어떻게 움직일지 예측하는 기술이, 어떤 책이나 음악이 인기를 끌 것이고 주가가 어떻게 움직일 것인지 예측하는 것보다 훨씬 어렵다고 생각하지만 실제는 그 반대라고 한다. 사람들이 개입된 곳에 대해 법칙을 찾아내는 것은 생각 외로 어렵다는 것.

해리포터 시리즈가 출간 전 수많은 출판사들에 퇴짜를 맞았다고 한다. 그런데 베스트셀러가 된 이후 모든 전문가들이나 언론은 베스트셀러가 될 수밖에 없는 이유들을 늘어놓았다고. 결과를 본 후 해석은 쉽지만 결과 예측은 어렵다.

076 칭찬보다 인정

'칭찬'이 그가 이룬 일이나 업적에 초점을 맞추는 것이라면, '인정'은 그 사람 자체에 초점을 맞추는 것이라고 함. '너 그 일 잘했다'는 '칭찬'. '너는 충분해'는 '인정'이다. 칭찬도 좋지만 인정이 더 중요하다고!

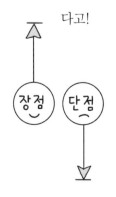

077 장점과 단점

오늘 한 분이 내 사무실에 찾아와서 칠판에 기록해 둔 나의 지침을 읽고, 제일 공감된 글귀가 '자신의 단점 개선에 집착하지 말고 자신의 장점을 극대화하라'는 것이라고. 자신이 조용한 성격이기에 강해지기 위해 노력했지만 잘 안 되어 고민했는데 방향을 잘못 잡은 것 같다고.

078 공포의 순간

공포가 닥치면 사람은 엉뚱한 행동을 하게 된다. 오히려 자신을 망가뜨리고 그 속에 더 빠져들게 된다. 공포에 직면하면 그것을 받아들이고 냉정한 상태에서 대책을 찾아야 한다.

위기 때는 낙관론으로 바로 앞의 상황을 모면하려 해서는 안 된다. 막연히 '참자. 힘내자. 좋아진다'가 아니라 최악의 상황을 가정하고 최악의 기준을 제시해 정신력을 회복하고 동기부여 해야 한다. 위기에서 조직을 움직이려면 '우리 리더는 성질도 더럽고 실력도 없어. 그런데 위기엔 자신을 희생해서 조직을 살리고 우리를 위할 사람 같아'라는 이미지가 필요하다. _윤호일 남극대장

079 약한 연대의 힘

사회학자 마크 그라노베터는
이직이나 새로운 아이디어를 얻는 기회는, 잘 알고 자주 아는 사람보다 그렇지 않은 사람으로부터가 더 높다는 주장을 했다. 이를 '약한 연대weak tie의 힘'이라고 했다. 이러한 약한 연대를 만들 수 있는 좋은 장이 어디가 있을까? 다양한 비공식 동아리나 SNS라 할 수 있다. 물리적으로 자신이 아는 사람은 제한될 수밖에 없을뿐더러 자신의 나이, 출신학교, 회사나 직위 수준 밖의 사람과 연결되기 어렵다. 오

프는 대개 비슷한 사람들이 끼리끼리 모인다. 그러나 인터넷세계, 소셜세계에서는 그렇지 않다. 강하지는 않지만 약하게라도 연결될 수 있다.

080 자신감의 크기

능력에 비해 지나친 자신감은 어떤 일을 능숙하게 할 때가 아니라 미숙할 때 나온다고 한다. 실험결과, 가장 과소평가 받는다고 생각하는 사람들은 중간 이하의 실력 집단에 속하며, 실력이 높아질수록 자신감은 가진 실력에 가까운 수준으로 바뀐다고 한다.

집단의 리더십은 대부분 능력보다는 자신감에 의해 결정된다. 지배적 성격을 가진 사람들이 자신감을 더 크게 표현하고 사람들은 그들을 따른다. 자신감 착각은 능력자를 부상하지 못하게 할 수 있다. _차브리스 Christopher Chabris

실력을 쌓으면 자신감은 증가하지만 지나친 자신감은 오히려 감소된다고 한다. 그런데 불행히도 사람들은 지나친 자신감을 가진 사람을 신뢰하는 경향이 있다고. 실제 이분들은 실력이 별로 없거나 심지어 사기꾼일 가능성도 있다고 하니 주의 필요.

081 공감과 긍정

경험상 '사실과 논리'를 훈련받은 직종의 사람들은 '공감' 능력이 떨어지는 경우가 많다. 웃을 때 같이 웃어 주고 울 때 같이 울면 될 부분도 왜 그래야 하는지 이유를 찾고, 그래서는 안 된다고 설득하려 한다.

컨설턴트 후배들에게 가끔 하는 조언이 있다. '여러분들은 직종의 특성상 현상을 항상 비판적이며 부정적으로 보고, 원인을 찾는 훈련을 받았다. 이렇게 훈련되면 훌륭한 조언자는 될 수 있으나 훌륭한 동료나 리더가 되기 어렵다. 공감과 긍정을 기억하라.'

082 하나의 메시지

글로벌 브랜드 전문가로부터 브랜드 전략의 문제점에 대해 들었다. 답은 단순했다. 우리는 너무 많은 메시지를 담으려 한다는 것! 단순하게 하나의 메시지만 전달하라! 이것이 그의 처방이었다.

'단순성'은 가장 약해 보이지만 가장 강한 무기다. 우리는 자신이 가진 많은 것을 전달해 보려고 애쓴다. 그러나 듣는 사람은 하나도 기억하지 못한다. 수많은 무딘 메시지를 날리기보다는 폐부를 뚫는 하나의 강렬한 메시지를 날려라!

예전에 스티브잡스의 프레젠테이션 기법에 관한 책을 본 적이 있다. 그분은 말하고자 하는 바를 최대 3개까지만 다룬다고 했다. 그 이상은 청중을 집중시키지 못한다고. 단순함, 명료함은 청중을 사로잡는 큰 무기임이 분명!

'스나이퍼'에 관한 영화를 보면 그들은 집중해 정확하게 하나의 목표물을 완벽히 처리한다. 그런데 대부분의 보통 사람들은 눈감고 기관총을 쏴 대는 것은 아닌지. 고생도 하고 돈도 많이 쓰는데 효과는 별로 없다.

경영자는 직원들에게 많은 비전과 목표를 보여 주고 싶어 한다. 혁신도 하고 싶고, 일류도 하고 싶고, 행복도 하고 싶고, 고객만족도 하고 싶다. 그러나 메시지가 많을수록 비전과 목표들은 기억에서 사라진다. 과감히 다 버리고 한 가지로 축약하자!

일을 만드는 것보다 이미 하고 있는 일을 버리는 것이 어렵고, 글을 길게 쓰는 것보다 짧게 쓰는 것이 더 어렵다. 얻는 것보다 버리는 것이 더 어렵다.

083 의욕과 열정의 차이

'의욕'과 '열정'에 차이가 있다는 글을 읽었다. 어떤 성과를 올리기 위한 욕구나, 높은 연봉과 보너스를 받고자 하는 바람 등은 열정이 아니고 의욕에 가깝다고. 의욕은 책임감 내지 결심. 열정이란 어떤 것에 저항조차 할 수 없이 끌려드는 것!

084 다양성과 복잡성

사회가 선택할 수 있는 아이디어, 기술, 믿음이 다양할수록 그 사회가 갑작스러운 사회적, 물리적 환경변화에 효과적으로 대응할 가능성도 높아진다. 그러나 이를 채택하지 않는 이유는 다양성이 커질수록 복잡성이 커지기 때문. _레베카 코스타 Costa Rebecca

085 고민을 질문으로

'어떻게 하지?'라고 한탄해 봐야 자신을 조금도 바꿀 수 없다고 한다. 대신 고민을 질문으로 바꾸라고 한다. '나 자신은 변화가 안 되니 어떻게 하지?'가 아니라 '그럼 어떻게 하면 나를 바꿀 수 있을까?'라고 질문으로 바꾸는 것이다.

086 즐거움은 소분하라

아무리 즐거운 경험이나 소식도 유효기간이 명확하다고 한다. 그러므로 즐거움을 가능한 한 오래 유지하려면 여러 즐거움들을 한꺼번에 경험하기보다는 띄엄띄엄 나누어 경험하는 것이 좋다고 한다. 즐거운 소식도 한꺼번에 여러 개를 전하기보다는 나누어서 전달하고.

087 비싼 값에 대해

너무 적은 대가를 지불하는 것은 현명치 못한 일이다. 비싼 값을 지불하면 약간의 돈을 잃을 뿐이다. 그러나 너무 적은 대가를 지불하면 구매한 상품이 제대로 기능을 발휘하지 못해 종종 지불한 모든 돈을 잃는다. _존 러스킨 John Ruskin

싸다고 사서 처박아 두는…….

088 경청과 반응

이야기를 들어줄 때 상대방이 반응을 하지 않으면 말도 제대로 나오지 않고 긴장하게 되며 점점 말하기 어려워진다는 실험결과. 상대방의 말에 머리를 끄덕여 주는 것만으로도 대화는 훨씬 부드러워진다고! 경청이란 그저 듣는 것이 아니라 반응하는 것!

089 **집단의 결정**

연구에 의하면 집단이 내린 결정은 개인의 결정
에 비해 더 극단적인 결정을 조장한다고 한다. 특
히 비슷한 성향의 사람을 모아 놓으면 훨씬 과격
해지고 비합리적인 행동을 정당화하는 경향이 있
다고 함. 그러므로 함께 결정한 것이 더 나은 결정이 아닐 수도 있음.

090 **하고 싶은 일 찾기**

어떻게 해야 내가 하고 싶은 일을 발견할 수 있을까? 일단 현재 일
이 자신에게 맞는지 아닌지는 제쳐두고 지금 해야 하는 일을 전력투
구해 보라. 하루하루 일 속에서 괴로움을 느끼지만 점차 즐거움을 알
게 되고 정말 자신이 하고 싶은 일을 알게 된다.

'하고 싶은 것', '할 수 있는 것', '해야만 하는 것'을 균형 있게 인식
해야 한다. 하고 싶은 것은 목표다. 할 수 있는 것을 하나씩 늘려 가
며 목표를 성취하라. 해야만 하는 것은 책임이다. 사회공헌 등이 그
것이다. _다카하라 게이치로 Keiichiro Takahara

091 **열정과 광기**

열정과 광기는 자신과 주위를 한 단계 변화시킬 수 있는 훌륭한 기
질이지만 방향이 잘못되면 자신과 세상을 망칠 수도 있는 기질임. 히

틀러, 이디 아민Idi Amin 등의 사례를 보면 그렇다. 문제는 이런 사람들도 그 당시엔 자신이 옳은 일을 하고 있다고 확신했을 것이 분명하다는 것!

092 대면의 효과

직접 대면하고 소통을 한 후 제안하면 상대의 거절 가능성이 낮아진다는 실험결과가 있다. 그러므로 당신이 누군가 설득하려 한다면 가능한 한 직접 만나고, 반대로 설득당하지 않으려면 가능한 한 대면하지 말라. _케이웃 첸 Kay-Yut Chen

093 소련과 독일이 무너진 이유

소련과 독일의 장벽이 무너진 이유는 무엇인가? 혹자는 서구의 승리, 민족주의의 공이라 하지만 가장 가까운 정답은 '소비'다. 소련이 이룩하지 못한 것은 소비사회였다. 그들은 전투기를 만들 수 있었지만 소비자가 요구하는 청바지를 만들지 못했다. _니얼 퍼거슨 Niall Ferguson

094 우리는 왜 부정에 이끌리는가

댄 애리얼리Dan Ariely의 '우리는 왜 부정에 이끌리나'를 읽음. 사람들은 자신이 정한 기준을 한 번 깨고 나면 더 이상 자신을 통제하려 들지 않는다고 한다. '어차피 이렇게 된 것'이라는 의식이 강하다고. 그러므로 작은 유혹에 넘어가는 것을 조심해야 한다. 속이려는 사람들은 작은 부정을 받게 하려고 노력한다고.

1장. 통찰

심리실험 결과, 한 번 작은 부정행위를 저지르고 나면 그 이후에는 도덕적 기준이 느슨해진다고 한다. 가짜 학위, 가짜 논문, 위장 계약서, 위장 전입 등 이런 것이 위험한 이유는 설령 악의가 없다 할지라도 이후 더 큰 부정을 가져올 확률이 높다는 것.

어떤 일이나 사람이 불쾌하게 만들 때 우리는 자신의 비도덕적인 행동을 합리화하기 쉽다고 한다. 자신의 부정행위가 불쾌함을 보상받기 위한 공정성이라고 합리화한다는 것. 조직이든 개인이든 누군가를 괴롭히고 서운하게 하면 대가를 받을 위험이 큰 것.

연구에 의하면 부정행위를 하는 사람이 우리가 속한 집단의 일원일 때 그 부정행위는 사회적으로 더 쉽게 용인되고 영향받는다고. 특히 그 일원이 우리가 존경하는 권위자일 경우 더욱 위험하다고 함.

095 똑똑한 바보

'똑똑한 바보는 일을 더 크고 복잡하게 만든다. 반대 방향으로 가려면 천재적인 발상과 대단한 용기가 필요하다.'_아인슈타인 Albert Einstein

조직이 커질수록 특히 상위층에 똑똑한 바보들이 많이 등장하게 된다.

096 편한 것과 즐기는 것의 차이

'어차피 안 돼!'라고 주문을 외우면 인생이 편해질 수 있다. 그러나 편하면 무능해진다. '편한 것'과 '즐기는 것'은 비슷해 보이지만 전혀 다르다. 능력은 경험을 통해서만 습득할 수 있다. 고생하고 노력하면서 '재미'를 찾아야 한다. _쓰토무 Tsutomu Uematsu

097 목표란

'큰 목표를 두고 전략을 세워 열심히 노력하라. 그러면 원하는 것을 이룰 수 있다'라고 하지만 실제 혁신자들은 '목표'를 먼저 세운 것이 아니다. 기회를  준비하고 문제에 대해 고민하다 보니 어느 순간 통찰력이 생겼고 그 때야 목표가 세워진 것이다. _윌리암 더건 William Duggan

098 혁신

많은 경우 '혁신'하자고 하면 돈이 든다고 하고 사람이 필요하다고 하면서 핑계만 댄다. 물론 돈도 사람도 필요할 수 있지만 혁신의 핵심은 '익숙한 것을 버리고 자유로워지는 것', '목적만 유지하고 나머지는 원점에서 다시 생각하는 것.'

099 선택권

미국 아이들은 자신이 선택권을 가졌을 때 그 활동을 잘하고 오래 지속했다. 지시를 받을 때 동기부여는 현저히 낮아졌다. 그러나 아시아계는 엄마가 자기를 위해 선택해 주었다고 했을 때 가장 잘했다. 직장에서의 실험결과도 유사했다. 선택도 문화에 따라 차이가 난다.

쉬나 Sheena Iyenga의 선택 실험실에서

100 정의와 공정

뇌과학자 강의를 들으니 뇌 부위 중 공평, 정의, 역겨움 등을 일으키는 부분은 30대 후반까지 강하고, 그 이후는 억제와 합리적 선택을 담당하는 부분이 강해진다고 한다. 젊은이들이 훨씬 더 정의와 공정에 민감하다는 것은 뇌의 속성! 마흔이 넘은 사람은 고려해야 할 듯.

101 선택권과 스트레스

적은 임금을 받는 근로자들이 높은 직급의 근로자들보다 심혈관 질환으로 사망할 가능성이 3배나 높다. 자신의 일에 통제권과 선택권이 적을수록 스트레스가 높아진다. _쉬나의 선택실험실에서

구성원들이 CEO보다 훨씬 스트레스를 받는다는 것! 선택권을 제한할수록 더더욱.

102 격차

숫자의 격차로만 따지면 50점과 95점 사이가 엄청나 보이지만 실제 95점과 98점 사이의 격차가 더 큰 것일 수 있다. 그러므로 95점에서 안주해서는 안 되고 오히려 이때부터 더 깊이 파고들어야 한다.

103 오리지널

인간은 태어나서 죽기 전까지 무엇이든 '이것이 내가 만든 스타일이다'라고 말할 수 있는 것을 이루었다면 대단한 일이다. 미술뿐 아니라 어떤 분야

든 자신이 '오리지널'이 되고자 하는 것, 그런 강한 욕망이 사람을 움직이게 하는 근원적 에너지가 된다. _다카시 Uno Takashi

104 일처리

긴급하며 중요한 일은 반드시 제대로 하되 빠르게 하고, 긴급하나 중요치 않은 일은 다른 이에게 맡기거나 대략하고, 긴급하지 않지만 중요한 일은 반드시 목표와 계획을 가지고 매일 수행하며, 긴급하지도 중요치도 않은 일은 가능한 한 멀리하라.

105 더 나은 손해

인간은 자기 혼자 다른 것을 선택했다가 손해를 보는 것보다 다른 사람들과 같은 실수를 저지르면서 함께 손해 보는 것이 훨씬 낫다고 생각한다. _트버스키 Amos Tversky교수

지각이라 막 뛰다가도 같이 지각하는 여러 친구들을 만나면 여유롭게 걸었던 기억을 해 보면.

106 하나님의 심판

가끔 부패한 일부 종교지도자들이 '내가 죄가 있으면 하나님이 직접 심판하신다. 내가 아무 일 없이 잘 사는 걸 보면 죄가 없는 것이다'라고 설파한다. 안락하게 지내는 것이 죄가 없음을 증명하는 것이 아니다. 신은 사탄도 아직 번개로 때려죽이시지 않았다.

107 톱니바퀴가 아닌 모터

'톱니바퀴가 되지 말고 모터가 되라! 다른 존재의 움직임을 단순히 따라가는 톱니바퀴가 아니라 스스로 강력한 모터가 되어 자신과 회사 그리고 이 세상을 움직이는 주도자가 되어야 한다.'_하세가와 가즈히로
Kazuhiro Hasegawa

108 호랑이 개체 수 감소를 막은 비결

케냐는 코뿔소 개체 수가 줄어들자 코뿔소를 사살하는 밀렵꾼을 즉결 재판했지만 큰 효과가 없었다고. 반면 인도도 호랑이 개체 수가 줄어들어 고민이었지만 성공했다고 한다. 그 비결은 바로 밀렵꾼을 경비원으로 채용한 것.

109 갈등을 심화시키는 사람

갈등을 심화시키는 사람들의 공통점은 1. 감정을 통제 못 함 2. 대화의 목적상실 3. 극단적인 이분법 사용이라고 한다. 스스로 체크해 볼 필요!

110 미룸

'나는 이 일을 정말 좋아하지 않지만 10년만 더 일한 다음 그리고……'라고 말하는 사람들을 보면 걱정이 된다. 그것은 섹스를 노년으로 미루는 것과 같다._워렌 버핏

111 인재 판별법

'이 서류를 5일 안에 완성해 주게' 라는 식으로 일을 주어 보면 그 직원이 인재인지 자연스럽게 확인할 수 있다. 대부분 5일째 되는 날 제출한다. 그러나 인재는 정말 시간적 여유가 없는 경우를 제외하면 그보다 일찍 제출한다. _하세가와 Kazuhiro Hasegawa

112 포기의 종류

절대 '포기하지 말라'는 조언을 많이 듣는다. 이는 '꿈과 희망'을 포기하지 말라는 의미지 현재 상황을 고수하라는 의미는 아닐 것이다. '집착', '오만', '수단과 방법을 가리지 않고 이기려는 태도', '과도한 이기심' 등은 포기할수록 좋다.

113 Not-To-Do List

우리는 대부분 '해야 할 일의 목록'을 작성한다. 그러나 '더 이상 하지 않을 일'의 목록도 만들 필요가 있다. 그만하기 목록을 통해 더 이상 해서는 안 되는 일을 살펴보면 어떻게 기회를 놓쳤는지 알 수 있다. _프랑크 아르놀트 Frank Arnold

114 최고의 역량은 열정

인간능력을 단계화한다면 복종이 최하위. 그 위에 근면, 지능, 전문성 그리고 최고의 역량은 열정이다. 아직도 많은 기업이 규율, 집중,

효율성에 역점을 두는, 쉽게 말해서 로봇으로 만드는 데 집중한다. _게

리해멀 Gary Hamel

115 언제까지

일을 지시하는 가장 기본은 '무엇을 누가 언제까지'이다. 무엇을 할
지 목표가 명확해야 하고 누가 해야 할지 책임이 명확해야 한다. 여
기에 붙여 기한을 명확히 해 주는 것이 좋다. '어떻게'는 지시받은 이
가 알아서 하게 하면 된다.

116 가난할 때 나누지 못하면

핀란드에서는 가난할 때부터 나누며 살았다. 가난할 때 나누지 못하
면 부자가 되어서도 절대 나누지 못한다. _헬싱키대학 타이팔레 Ilkka Taipale 교수

117 말이 나쁘면 기수가 뛰어나도

20세 때 주유소를 인수한 버핏은 옆 주유소 손님을 빼앗기 위해 주
말이 되면 직접 손님 차 창문을 닦는 수고까지 했다. 그러나 결과는,
전 재산의 1/4가량을 날리며 손을 들었다. 그가 배운 교훈은 '말이 나
쁘면 아무리 기수가 뛰어나도 이길 수 없다'는 것.

118 얼마나?

어느 기사를 읽으니 정주영회장의 일화가 나온다. 기술담당 부사
장이 기술개발 방안을 가져가면 하신 질문. '왜?', '얼마나?'

나는 후자의 질문이 얼마나 돈이 드는가의 질문인 줄 알았다. 읽어
보니 '얼마나 기다리면 돼?'라는 질문.

119 비용절감

비용절감을 할 때 통상 '이 일을 어떻게 효율적으로 할 수 있을까?'
를 따진다. 그러나 이것은 잘못된 질문. 올바른 질문은 '이 일을 그만
둔다면 지붕이 무너질까?'다. 그리고 그 대답이 '무너지지 않는다'면
그 일을 폐지하면 된다. _드러커 Peter Drucker

120 직관에 대한 과장된 확신

기업들은 자신의 직관에 과장된 확신을 갖고 있는 컨설턴트들로부
터 답을 듣기 위해 엄청난 돈을 지불한다. _댄 애리얼리 Dan Ariely 교수

121 어떻게 인지하는가

'Perspective is everything' Ted강의. '우리가
사는 환경 그 자체보다 우리가 어떻게 보는가?
우리가 어떻게 인지하는가?'가 더 중요하다고. 전철을
기다려도 몇 분 남았다는 표지판을 볼 때 훨씬 짧게
느끼듯 경제, 기술 외 심리도 고려해야.

동일한 시간을 보내도 애인과 있으면 금방 지나가도 어려운 상사
와 있으면 정말 가지 않는 것처럼 느끼듯 실제와 인지는 다르다. 그
러므로 실제 자체를 변화시키지 못하더라도 인지를 변화시키는 방안

을 찾는다면 훨씬 편하고 행복할 수 있다고 한다.

122 유효기간에 대해

우리는 슬픈 일이 일어나면 오랫동안 불행할

거라고 예상하고, 기쁜 일이 일어나면 오랫동안 행복할 거라 예상한

다. 그러나 실험결과에 의하면 아무리 좋은 일도 시간이 지나면 그다

지 기쁘지 않게 되고 아무리 나쁜 일이 일어나도 오래지 않아 극복하

게 된다고 하니!

123 즐거움

한 교수님 말씀. 뉴욕타임스에 나온 기사.

지난 200년간 미국에서 사용이 가장 많이 줄

어든 단어는 'Pleasure내적 즐거움'인데, 사

용이 가장 많이 증가한 단어는 'Fun외적 즐

거움'이라고 함. 고상한 즐거움보다는 표현

되는 즐거움을 선호.

기본을 연마하라.
기존의 형식을 깨라.
자신의 길을 만들어 떠나라.

2 배움

124 질문과 토론의 힘

맥길 대학교 던바Kevin Dunbar교수의 연구에 의하면 놀라운 아이디어들은 실험실에서 혼자 발견하는 경우는 드물었다고. 대부분 10명 남짓의 연구자가 형식에 구애받지 않고 정기적으로 모여 주제에 대해 자유롭게 질문, 토론하는 데서 나왔다고.

125 세상에서 가장 가성비 좋은 것은

세상에서 제일 싼 것 중에 하나가 '책'이라는 생각. 아주 날림이 아닌 이상 저자의 수년간의 노력과 경험이 들어간 것이기에 웬만한 책을 읽어도 본전은 뽑는다. 단, 책 읽는 시간도 비용이므로 그 가치와 우선순위를 생각한다면 조금 더 나은 책을 찾게 되는 것.

126 글을 잘쓰는 방법

글쓰기 강의를 들어 보니 일반인들이 글쓰기 잘하는 비결은 단순한 듯. '짧게 써라. 쉽게 써라. 이것저것 말하려 하지 말고 한 가지만 말하라'고.

일반인들의 글쓰기는 '표현력'이 핵심이 아니라 '논리'와 '상대의 이해'가 초점이니.

127 배움에 뇌 손발을 써라

우리는 강의를 참 좋아한다. 많은 기업이나 기관들도 유명강사를 모셔 정기적으로 강의를 듣는다. 이런 강의체계하에서는 긴 시간 동안 졸지 않게, 재밌게, 감동하게 원맨쇼를 해야 저명한 강사가 된다. 그런데 흥미롭게도 한두 시간 재밌게 듣고는 돌아가서 대부분은 그대로다. 왜 그럴까? 자신이 뇌를 쓰지 않기 때문이다. 그냥 TV 보듯 수동적으로 받아들였기 때문이다. 변화가 이루어지려면 자신의 생각을 써야 하며 행동을 해야 한다. 마치 수영을 배우는 것과 같다. 명강사에게 수영법 강의를 듣는다고 수영을 할 수 없는 바와 동일하다. 당신이 정말 변화를 갈망한다면? 당신의 뇌를 쓰고 손과 발을 써야만 변화가 이루어진다는 것을 명심하시라. 그렇게 돕는 강사와 교육과정을 찾는 것이 명강사의 강의를 들으며 까르르 웃고 눈물 흘리는 것보다 훨씬 효과적이다.

128 일단 써 보기

생각이 정리된 후 쓰는 것도 괜찮지만 대략 방향만 정해지면 일단 써 보는 것도 중요해 보인다. 쓰면 얽힌 생각이 정리되고, 생각지도 않았던 아이디어들도 나온다.

129 독서의 복리효과

매일 500페이지씩 읽어라.

복리처럼 지식이 축적됨. 워렌 버핏의

독서법은 의외로 간단. '전화선 뽑고,

컴퓨터와 TV는 끈 후 읽어라.' 나는 스마트폰 중독이라 스마트폰을

끄기 어려워 아예 스마트폰에서 e-book으로 독서한다.

130 독서로 성공하기

독서로 성공하는 비결. 1. 자신이 관심 있는 분야의 책을 10~30권 읽는다. 2. 관련된 교육을 수강한다. 3. 그 비결을 정리하고 적용한다. 4. 이 과정과 결과를 블로그, SNS 등에 나눈다. 5. 더 배우고자 하는 분들에게 유료 서비스를 제공한다. 6. 커뮤니티를 만들어 확산한다.

131 한국펜싱 금메달의 비결: 수파리

펜싱 단체전에서 금메달을 획득했다. 유럽이 강세인 펜싱에서 한국선수가 금메달까지 딴 비결이 무엇일까? 그들의 이야기를 종합하니 다음과 같았다.

1단계: 유럽선수들에게 배우려 했다. 상대해 주지 않는 유럽국가들을 하나하나 찾아다니며 그들의 기술을 배우고 흉내 냈다.

2단계: 그러다가 그들과 똑같이 해서는 그들을 이길 수 없음을 깨달았다. 그들은 아주 어렸을 때부터 펜싱을 자연스럽게 배운다. 팔길이 또한 길다. 그들의 손 기술은 절대 따라갈 수 없었다. 그들의 방식을 깨기로 했다.

3단계: 우리는 발을 이용하기로 했다. 빠른 발을 이용한 스피드로 상대의 허점을 찌르는 것이다. 상대 선수가 치고 들어오면 쏜살같이 달아나고, 날아오는 칼까지 뒷걸음질로 피하는 식이다. 이를 통해 1분당 스텝 수를 유럽 선수들의 2배 수준으로 높이도록 훈련했다. 이를 통해 일류가 될 수 있었다. 펜싱은 손으로 한다는 통념을 깼다. 우리는 펜싱을 발로 한다. 이제 그들이 우리를 배우기 위해 찾아온다.

이는 동양의 마스터리 법칙인 '수파리'와 대응된다.

수: 처음에는 스승이 가르쳐 주는 기본을 철저하게 연마하되

파: 기존의 형식을 깨고

리: 자신의 길을 만들어 떠나는 것

과거에 쌓인 지식을 잘 배운다는 것은 우리 지식의 진보에 있어 엄청난 효율을 안겨 준다. 우리는 맨땅에서 시작하지 않고 뉴턴Isaac Newton의 말대로 선배들의 어깨에서 시작할 수 있기 때문에 시행착오를 최소화할 수 있다. 그러나 이때 큰 위험이 있는데, 그것은 과거의 통념, 관점, 틀, 게임의 법칙에 갇힐 수 있는 위험이다. 진정한 혁신이나 도약은 기존의 틀, 통념, 관점, 게임의 룰을 깰 때 나온다. 기존의 방식을 철저히 배우고 따라하되 이후 이를 깨고 자신만의 차별화를 만들어 떠나자. 그것이 고수의 길이다.

132 발전은 종이에 적는 것부터

소설가 앤 라모트Anne Lamott는 '내가 괜찮은 글을 쓸 수 있는 유일

한 길은 정말로 형편없는 초고를 쓰는 것이다'라고 한다. 일단 뭐든지 좋으니 종이에 적으라고 한다. 이후 수정을 통해 발전할 수 있으니.

133 강점과 약점

최근 많은 자기계발 서적은 '강점에 집중하라'고 권고한다. 어차피 시간과 자원의 한계 속에서 다 잘하려 하기보다는 재능 있는 부분에 화력을 집중하라는 것이다. 이 전략이 최선일까? 현실에서는 강점만 집중했다가 낭패를 보는 경우가 많다. 그러면 어쩌란 말인가? 이것저것 다 잘하라는 말인가? 그렇지는 않다. 효과적이고 효율적인 전략은 '강점을 살리되 과락은 면하라'는 것이다. 자신의 강점을 살려 더 잘하는 게 중요하다. 그러나 필요한 영역에 대해 너무 모르거나 못하면 안 된다는 것이다.

134 배움에 대하여

'고정 사고관'을 가진 사람들과 '성장 사고관'을 가진 사람들이 있다고 한다. 전자는 '내가 이 일을 얼마나 빨리 잘할 수 있을까?'라는 생각을 하고 실패하면 낙오자가 된 기분을 느낀다. 후자는 '내가 얼마나 배울 수 있을까?'라며 실패하면 다음에 더 분발해야겠다고 생각한다.

나보다 뛰어난 사람을 만나게 될 때 어떤 반응을 보이는가? 위협이나 적으로 느끼고 그를 깎아내리고 싶은가 아니면 배울 사람으로 느끼고 무언가 배우려 하는가. 후자의 태도를 취하는 것이 인생을 조금 더 행복하게 살 수 있는 것 같음.

겸손하지 않으면 다양한 것을 배우기 어렵다. 특히 자신이 잘났다고 생각하는 사람들 중 많은 사람은 자신보다 완전히 더 잘났다고 인정되는 사람들에게가 아니면 배우려 하지 않는다. 이는 배우는 폭을 매우 제한하는 것.

135 기본기를 잘 배우기

모든 배움에는 기본기라는 것이 있다. 기본기가 자신의 것이 되면 이후 조합과 응용을 통해 실력이 급상승한다. 그런데 이 기간은 반복과 연습이 요구되는 지루한 기간. 기본기를 익히는 시간은 가능한 한 돈을 들여 스스로를 구속해 배우는 것이 유리.

대충 독학으로 시간만 투자한 사람들이 제대로 된 방법으로 기본기를 꾸준히 쌓은 사람들을 이기기는 매우 어렵다. 무조건 시간을 쓰기보다는 초기에는 전문가를 찾아서 차근히 배우는 것이 향후 훨씬 빠른 진보를 보인다는 것을 자주 실감한다.

맨 처음 시작할 때 기본을 익히지 못하고 자기 스타일이 박히면 이후 가르침을 받더라도 교정하기 매우 어려워진다. 우리는 자신에 대한 평가가 두려워 스스로 노력한 후 코치를 찾아가려는 경향이 있다. 못할 때 가는 것이 더 나음을 이후 깨닫게 된다.

136 글쓰기의 마력

글로 쓴다는 것에 놀라운 마력이 있다. 글로 쓰며 생각을 정리하다 보니 생각하지 못한 생각들이 계속 나온다. 원래 생각했던 것보다 훨씬 많은 생각, 아이디어들이 글 속에 펼쳐진다. 쓰지 않았다면 놓쳤을 것들.

읽기만 하거나 생각만 하기보다 이를 요약해 보거나 글로 쓰면 훨씬 풍성해진다. 그런데 쓰는 것이 귀찮아서 이런 풍성함을 잃어버리는 경우가 많다.

모든 것이 제대로 된 방법으로 연습하면 할수록 강해진다. 육체적 연습도 그러하지만 생각하는 것도, 읽는 것도, 쓰는 것도 동일하다.

137 쓸데없어 보이는 일

쓸데없어 보이는 작은 일까지 해 보면 다음의 장점이 있다. 1. 다른 사람에게 그 업무를 맡길 경우 그 일의 규모를 대략 산정할 수 있고 그가 전문가인지 아닌지를 구별할 수 있다. 2. 효율화하고 시스템화할 수 있는 방법을 찾을 수 있다. 3. 그 업무를 하는 사람을 공감하고 급한 경우 백업할 수 있다. 업무는 위임하거나 아웃소싱하기 전에 어느 일이든 디테일까지 경험해 보는 것이 좋다. 계속 그 일을 할 필요는 없지만 잠시라도 해 보는 것과 전혀 모르는 것은 큰 차이가 있다. 만일 당신이 지금 하고 있는 일이 허드렛일처럼 보인다면? 걱정하지 말라. 허드렛일이나 쓸데없는 일이란 없다. 모든 일은 내가 어떤 의미를 부여하느냐에 달려 있다. 계속 그것만 할 이유는 없겠지만 이후 그게 다 dot의 하나가 되어 connect되면 큰 파워를 낼 것이다.

138 평생 학습

읽기와 쓰기의 즐거움을 알지 못하는 분들이 꽤 있는 것 같다. 학창시절 스스로의 즐거움을 위해 읽고 쓰는 것이 아니라 입시를 위해 읽고 썼기에 흥미를 잃어버린 이유 때문일까? 그래도 SNS 열심히 하시는 분들은 읽고 쓰기에 재미를 느끼신 분들인 듯.

어떤 분과 대화. 오래 사는 이 시대에 필요한 능력이 무엇인가? 그것은 '학습능력'이다. 과거는 하나만 배워도 평생 먹고살았지만 지금은 두세 번 배워도 될 만큼 시간이 주어지기에. '읽기능력', '공부능력'은 학생 때만 필요한 것이 아닌 듯. 평생 필요.

139 티칭과 코칭

티칭과 코칭의 차이는? 티칭은 가르치는 쪽이 해답을 제시하는 것이지만 코칭은 배우는 쪽이 해답을 찾아내는 것이라 한다. 스스로 생각해 답을 찾아낼 수 있도록 훈련시키는 것이 더욱 중요한데 나도 효율적이라는 핑계로 회사나 학교에서 티칭을 더하게 됨.

140 조금 거칠지만 신선한 생각

세상은 배울 것으로 가득 차 있다. 사람을 만나도 배울 수 있고, 책을 읽어도 배울 수 있고, SNS를 통해서도 배울 수 있고, 인터넷만 열어도 배울 것이 가득하다. 나 자신을 내려놓고 배우겠다는 마음가짐

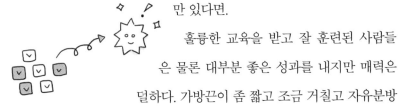

만 있다면.

훌륭한 교육을 받고 잘 훈련된 사람들은 물론 대부분 좋은 성과를 내지만 매력은 덜하다. 가방끈이 좀 짧고 조금 거칠고 자유분방해도 생각이 신선한 녀석들이 있다. 이런 녀석들은 매력이 있다.

141 기록의 힘

어떻게 하면 현재 하는 일을 재미있게 할 수 있을까? 어떤 분은 현재 하는 일에서 쌓은 노하우를 책으로 내겠다는 결심을 하면서 일을 해 보라고 권고한다. 좋은 생각이다. 아마도 일에 임하는 태도와 생각이 달라질 것이다.

기록한다는 것은 정말 중요해 보인다. 매일의 진보, 체험, 새롭게 배운 것들을 꾸준히 기록한다면 몇 년이 지나 다른 사람에게 도움이 되는 책을 낼 수 있다. 기록하지 않은 것들은 금방 잊힌다. 트위터, 블로그, 메모장 어디든 기록하자.

가르치는 직업이라면 남들보다 잘 가르칠 수 있는 방법은 무엇일까? 직장인이라면 남들보다 빠르고 효과적으로 일을 처리하는 방법은 무엇일까? 등 고민하고 배우고 시도하고 성공과 실패를 기록하라. 몇 년 후 이는 후배들에게 훌륭한 지침서가 될 것이다.

142 새로운 것 배우기

로체스터 대학 연구 결과, 긍정적 성향을 가진 이들은 기대수명보다 오래 산 반면, 부정적 성향을 가진 이들은
기대수명보다 짧게 살았다고 한다. 긍정적
태도, 항상 새로운 것을 배우려 하는 시도는 멋지게 늙게 해 주고 더
오래 살게 해 준다는 것.

새로운 것을 배우는 것, 새로운 경험을 하는 것, 새로운 곳을 여행
하는 것, 새로운 시도와 도전을 해 보는 것 등 이 모두 뇌를 건강하게
할 뿐 아니라 오래 사는 데도 큰 도움이 된다고. 구민회관 등에 가 보
면 저렴하게 배울 수 있는 기회가 많다. 시도!

143 세 개의 직함을 가져라

이런 질문이 있다. "향후 커리어를 어떻게 가져가야 할지 고민입니
다. 하나만 평생 파는 게 좋을까요? 몇 가지를 다양하게 해 보는 것이
좋을까요?" 한 책을 읽다 보니 이 구절이 나온다. "세 개의 직함을 가
져라." 물론, 한 영역의 최고를 추구하고 또 최고가 된다면 하나의 직
함만으로도 충분할 것이다. 그러나 우리 같은 보통 사람들은 몇 가지
를 융합하는 것도 좋은 전략이다. 하나의 영역에서 100점을 추구하
려면 엄청난 노력이 필요하다. 80점까지 만드는 데 드는 노력이 1이
라면 100점을 만들려면 10 정도가 든다. 세 개의 영역을 80점 수준으
로 만든다면? 3의 노력으로도 가능하다. 이 정도면 보통 사람들도 가
능하다. 그런데 주의할 것은 80점의 수준도 아마추어 수준은 아니라
는 것이다. 그것으로 소득을 낼 수 있는 정도다. 또한 주니어라면 세
가지를 동시에 벌이기보다는 일단 한 가지에 전념하여 최상의 전문

성을 갖춘 후 확산하는 것이 좋다. 당신의 3개 직함은 무엇인가? 당신이 만들고 싶은 80점 이상이 되는 직함 세 개는 무엇인가?

144 '커리어 패스'에서 '커리어 포트폴리오'로

커리어 패스Career Path란 대개 단일 경로다. 마치 사다리를 오르듯 한 단계씩 더 큰 책임과 승진으로 가는 모습이다. 커리어 포트폴리오Career portfolio란 다양한 자신의 역량과 경험을 횡으로 개발해서 펼쳐 놓고 어떤 커리어가 필요할 때 이들을 유연하게 조합하는 것을 의미한다. 자신의 포트폴리오를 활용하여 변화하는 상황을 유연하게 대응하는 것이다. 커리어 포트폴리오의 구축과 활용은 마치 스티브잡스가 말한 connecting dots와 유사해 보인다. 서체디자인, 인도여행, 맥 개발, 픽사 등 관련 없는 듯 보이는 포트폴리오가 연결되어 애플에서의 혁신을 가져왔다. 포트폴리오에는 직업뿐 아니라 다양한 자신의 활동과 취미 등이 포함된다. 독자들도 한번 지금 자신의 커리어 포트폴리오를 그려 보시고 새로운 가능성을 발견해 보시라.

145 배움의 기술

1. 그 분야의 잘 하는 분에게 배운다. 2. 초기에는 꾸준히 코칭과 피드백을 받는다. 3. 어느 수준이 되면 스스로 방법을 찾는다. 4. 자신의 차별화를 만든다. 5. 공유하고 다른 사람을 가르치면서 더 발전시킨다. 가능한 한 혼자서 무작정 실행하거나 수동적인 강의듣기, 독서에 그쳐서는 안 된다.

146 세 개의 수입원

세 개의 수입원을 만들고 이를 키운다. 첫째는 직장의 월급, 둘째는 부업, 셋째는 투자. 초기에 아주 작은 규모라도 상관없다. 이를 키우려면 더 공부하고 실험한다. 이를 통해 자신만의 비결과 시스템을 만든다

147 편지쓰기

예전 세계 최고 세일즈맨이었던 조 지라드Joe Girard씨가 매일 고객들에게 편지를 썼다는 이야기를 읽고 실행해 보려 했지만 지속하지 못했다. 고객들에게, 직원들에게, 친지들에게 매일 메일을 쓸 수 있다면 이 또한 큰 표현일 것이다.

148 배움을 부끄러워하지 않음

4일간 서점 창업 강좌를 열심히 들은 한 사람. 온라인으로 상품 몇 개 주문해 본 경험. 컴퓨터 한 대, 소프트웨어 엔지니어 2명을 가진 이 사람이 세계 최고의 서점들을 파산에 몰아넣은 아마존의 베조스 Jeff Bezos. 강사도 수강생인 그가 그런 사람이 될 줄은 꿈에도 몰랐다고.

아마존 회장 베조스는 온라인서점을 만들기 전에 서점창업 교육을 받았고, 인드라 누이Indra Nooyi 펩시 사장은 자신이 모르는 IT시스템 투자의사 결정을 하기 위해 IT서적 몇십 권을 읽고 교수들에게 질문하며 배웠다고. 자신이 모르는 분야의 배움을 부끄러워하지 않았음.

배움이 뛰어난 경영자를 보면 겸손하고 효율적이며 집중적으로 배

통찰의 시간   82

움으로써 엄청나게 빠른 시간에 자신의 전문분야가 아닌 영역에서도 높은 수준에 이른다. 그뿐만 아니라 기존 해당 영역 전문가가 보지 못한 새로운 통찰까지 더한다.

149 열정으로 배우는 놀이터

나에게 '직원을 채용할 때 무엇을 중요하게 보는가?' 라고 물으면 항상 열정적으로 배우려는 사람이 1순위라고 말한다. 열심히 배우는 사람은 자기 일을 사랑하며 어디서나 정보와 노하우를 찾아낸다. 열정과 학구열은 뛰어난 성과를 이루게 한다. _얌브랜드CEO 노박 David Novak

일을 사랑하지 않고 배우는 것을 좋아하지 않으면 직장생활은 매우 고역이다. 그러나 배우는 것을 즐겨하고 이를 적용해 보고 발전시키려는 이들에게 직장생활은 매우 재미있는 놀이터요 연구실도 된다.

150 순수함

마쓰시다 고노스케Konosuke Matsushita는 '성공하기 위한 소중한 자질을 하나만 꼽으라면, 그것은 순수함'이라고 했다 한다. 그는 누구의 말에도 진심으로 배우려 했고 신입사원들에게 말을 들은 후에도 '좋은 이야기를 해 줘서 고맙다'고 답했다 한다.

151 스스로 통제하는 삶의 위력

심리학자의 실험. 한 양로원에서 각 방에 화초를 두고 간병인들에게 화초에 물을 주게 했다. 그러나 4층에는 노인들에게 직접 물을 주도록 했다. 18개월 후 조사결과, 4층 노인들이 더 밝고 활기가 넘쳤고 사망률도 낮았다. 스스로 통제하는 삶의 위력!

나이가 들수록 무언가를 새롭게 배울 필요가 있다. '이 나이에 뭘' 이라는 생각은 그들을 무기력하게 하고 빨리 죽게 한다고 한다. 연로한 부모들이 무언가 배우거나 새로운 시도를 하려 하실 때 '주책이에요. 그 나이에 뭘 하시려구'라는 말은 부모가 빨리 죽기 원하는 것.

152 경력 따윈 중요하지 않아

할아버지는 올바른 자세를 가지고 있는 사람을 지켜보다가 '당신은 이런 일을 했으면 좋겠다'고 말했다. 그러면 그들은 '경험이 없어 어떻게 하는지 모른다'고 말한다. 그때 그분은 '경력 따윈 중요하지 않아 당신은 금방 배울 거야'라고 답하셨다. _H&M 회장 페르손 Karl Johann Persson

153 앞자리 효과

강연을 하다 보면 거의 대부분 자리는 중간이나 뒤에서부터 채워지고 맨 앞자리들은 빈다는 공통적 상황을 자주 본다. 사실 그 시간에 딴 일할 것 아니라면 앞에 앉는 것이 상책이다. 어떤 강의든 앞자리가 집중도도 높고 교육효과도 높다.

154 연습, 실패 그리고 경험

책을 많이 읽는 것은 중요하지만 책만 많이 읽는 것
은 사람을 절름발이가 되게 하는 경우가 많다. 판단
과 분석은 잘하지만 막상 자신보고 하라고 하면 아
무것도 못 하는 경우가 많다. 실행은 이해로 되는
것이 아니다. 연습, 실패 그리고 경험으로 되는 것이다.

155 있는 지식을 흡수하고 새로운 것을 얹음

이미 있는 지식을 나 스스로 고민해 찾을 이유가 없다. 이미 있는
지식은 흡수하고 나는 그 위에 새로운 것을 얹으면 된다. 이래야 지
식이 발전하는 법. 공부는 이렇게 하면서 인생은 이렇게 살지 않는
경우가 많다. 동일한 실수를 반복한다.

156 배우고 브랜드를 만들어라

제이미 다이먼Jamie Dimon 회장의 하버드 대학원 연설 1. 평생 배워
라. 2. 자신만의 브랜드를 만들어라. 당신은 하루하루 자신에 대한 책
을 기록하고 있다. 당신의 뜻대로 책을 써라. 다른 사람이 쓰도록 하
지 말라.

157 성공한 사람의 5가지 특징

간다 마사노리Masanori Kanda가 말하는 성공한 사람의 5가지 특성
1. 적극적으로 변화하려 한다. 2. 배움에 열정적이다. 3. 수동적인 삶
을 살지 않는다. 4. 솔직하다. 5. 적극적으로 표현한다.

2장. 배움

158 기록의 중요함

사람들은 왜 경험을 했음에도 동일한 실수를 반복
하는가? 이별했던 비슷한 남자와 사귀고, 별로였던
여행지에 또 가고, 실패한 투자를 또 하는 것이 우리
기억의 문제 때문이라고 한다. 해결방법은 무엇일까? 나의 기억을 신
뢰 말고 지금 경험하고 있는 사람에게 물어보는 것이라고.

자신의 경험에 대해 블로그든 트위터든 열심히 기록해야 할 또 하
나의 이유다. 그것은 과거 기억은 뇌의 작용으로 인해 조작될 수 있
다는 사실 때문이다. 머리를 의지해선 안 된다. 현재의 생각과 감정
을 기록해 놓아야 이후 교훈으로 사용할 수 있다.

159 연습과 성과

즐겁게 연습하는 것이 가장 큰 성과를 낼 것 같지만 실제로는 아니
라고. 수많은 작곡가와 연주자들을 연구한 결과, 일류는 훨씬 더 많
은 시간을 연습했을 뿐 아니라 훨씬 신중하고 자기 비판적으로 연습
했다고 함. 반면 이류는 즐겁게 연습했다고.

160 모소 대나무 이야기

'모소 대나무' 이야기를 들었다. 이 나무는 매일매일 물을 주고 가
꾸어도 4년간은 싹밖에 나지 않는다고 한다. 그러나 5년째 마치 마술
에 걸린 것처럼 쑥쑥 자라 한 달이 지나면 15미터 이상 자란다고 한
다. 세상의 배움은 대부분 이러한 과정을 거치는 듯하다.

'진보'는 우리의 상식과는 다르게 '선형적'으로 이루어지지 않는 경우가 많다. 아무리 노력해도 크게 변화가 보이지 않다가 어느 순간 갑자기 '비선형적'으로 진보한다. 결국 인내하는 이가 결실을 맛보는 것!

새로운 것을 배우는 어느 시점에 참 좌절이 많았다. 노력해도 급격한 진보가 보이지 않았기 때문이다. 실망하지 않고 인내할 때 길이 보였으나 그 시점에서 포기했을 때 원점으로 돌아왔다. 아니 더 나빠졌다.

그러나 결국 꾸준한 이들은 비선형적 진보를 경험한다.

161 힘 빼라

수영을 배우는데 '힘 빼라'는 말을 많이 듣는다. 역설적이게도 힘주고 열심히 팔다리를 움직일수록 별로 나아가지 않는다. 가진 것을 내려놓는 것의 힘듦을 운동에서도 배운다.

가진 것을 내려놓고 노력도 내려놓고 욕심도 버릴 때 오히려 몸이 가벼워지고 자유를 발견하게 됨을 물에 몸을 띄우는 행동에서 깨닫게 된다.

배움의 즐거움은 '진보'에서 더욱 느끼게 된다. 진보하지 않으면 재미가 없다. 일이든 운동이든 취미든 조금씩 변화하고 진보함을 체험할 때 즐거움을 실감한다. 매일 동일한 일을 하고 동일한 모습이라면 얼마나 지루한가! 일신우일신!

162 자기계발서 알레르기

자기계발서만 읽는 것도 문제지만 너무 알레르기 반응을 보이는 것도 문제. 좋은 계발서도 많다. 워렌 버핏도 세계에서 가장 많이 팔린 카네기 Dale Carnegie의 계발서인 '인간관계론'을 자신을 성공으로 이끈 책이라 언급. 성공과 실패를 구분하는 것은 '실행'이지 책 문제가 아니다.

163 일이 지겨울 때 2배 목표 가지기

현재 일이 지겹고 더 이상 배울 것이 없다면 지금 일을 2배로 잘(또는 더 빠르게)할 목표를 가지고 일하며, 그것을 성취하면 그 노하우를 기록해 보라고.

164 숙련가와 전문가

숙련가와 전문가는 다르다는 말을 들었다. 같은 일을 오래하면 숙련가가 된다. 그러나 익숙해진다고 전문가가 되는 것은 아니다. 회사에서 같은 일 10년 했다고, 가정에서 요리 10년 했다고 전문가라 하지 않는다. 남들보다 훨씬 차별화되게 해야 전문가가 되는 것.

165 전문가란

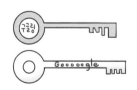

과거에는 사람들이 학위증명서 등을 통해 전문가를 찾았다. 그러나 이제는 구글을 통해 찾는다. 검색 결과 가장 위에 나오는 전문가는 블로그를 운영하고 자기 정보를 가장 많이 공유해 사람들이 링크를 걸어 놓는 사람이다.
_스코블 Robert Scoble 전문가들이 공유해야 할 이유다!

학벌, 경험, 스펙도 부족하지만 전문가로서 인정받고 고객을 확보하려면? 좋은 방법 중 하나는 열심히 블로그를 쓰고, 인터넷 활동도 하며 자신의 정보를 공유하는 것. 이것을 잘해 진짜 전문가들보다 외부에서 더 인정받는 사람들이 있음. 그러나 이것도 실력!

166 커뮤니케이션 능력을 단련하는 최선의 방법

커뮤니케이션 능력을 단련하는 최선의 방법은? 어떤 책을 읽으니 재미있는 답변이 있다. 말하는 내용을 잘 이해 못 하는 사람과 일하는 것이라고. 이해력이 뛰어난 상사나 동료를 만나면 오히려 향상되지 않는다고. 일리 있는 말이다.

167 기본은 재미

{ 재미 흥미 취미 ··· }

'뭔가 새로운 것을 만들어야 한다'는 생각에 얽매이면 오히려 새로운 것을 만들 수 없다. 사용자 입장에서 가장 큰 재미와 만족을 줄 수 있는 것이 무엇인지 고민해야 한다. '재미'라는 기본에 충실할 때 성공과 혁신은 자연스레 따라온다. _블리자드 CEO 마이크 모하임 Mike Morhaime

168 일이 재미있는 사람

중학교밖에 나오지 않았지만 자수성가해 알찬 중소기업을 일구어 가는 대표와 만남. 공부를 계속 하시지 않은 이유가 재미있다. 집안

형편이 어렵기도 했지만 일이 너무 하고 싶었다고. 빨리. 예순이 다 된 지금도 일이 즐겁다고.

열정이 가득하고 일에 빠져 살고 항상 변화하고 배우고 혁신하려는 리더 아래 있으면 어떨까? 옆에서 보면 멋지지만 같이 있으면 직장생활이 엄청 피곤해진다. 그러나 이런 분을 만나야 일을 배운다. 특히 사회 초년병일수록.

169 콤플렉스의 승화

마쓰시다Matsushita Kounosuke는 3가지 콤플렉스가 있었는데 이를 장점으로 승화시켜 성공할 수 있었다고 한다. 가난했기에 분투했고, 대학을 못 다녔기에 더욱 열심히 공부했으며, 건강이 안 좋았기에 다른 사람들을 의지해야 함을 깨달았다고.

약점이 많아서 실패하는 것이 아니다. 약점은 감추는 것이 아니다. 드러내어 장점으로 변화시켜야 한다. 모범적으로 열심히 공부하고, 최고 대학 가고, 유학 가고, 큰 기업 임원이나 성공한 기업가나 의사나 법률가나 고위 관료가 되는 스토리는 부럽긴 하지만 진부하고 식상하며 감동도 재미도 없는 스토리다. 인생의 굴곡을 겪고 있다면 오히려 감사할 필요가 있다.

내 약점이 무엇인가? 고민하고 감추기보다 이를 적극 활용하라. 그것이 나의 스토리가 될 수 있다. 사람들은 완벽하고 너무 잘난 사람들에 대해 부러워하긴 하지만 재수 없어 한다.

¹⁷⁰ 반복과 실천

새벽 5시부터 밤 10시까지 일했지만 큰 실적이 없었다. 이후 깨달은 것은 성공은 우연히 얻을 수 없다. 열심히만 한다고 얻을 수도 없다. 성공했던 사람들이 했던 것을 배우고 반복해서 실천해야 결국 그들과 동일한 성과를 거두게 된다는 것. _브라이언 트레이시 Brian Tracy

¹⁷¹ 좋은 대인관계

똑똑하고 재능이 있어도 사람은 혼자서 아무것도 할 수 없다. _하비 맥

케이 Harvey Mackay 미국 백만장자에 대한 설문조사 결과, 94퍼센트가 좋은 대인관계가 가장 중요한 성공 요인이라고.

¹⁷² 최고의 방법

수많은 사람들이 유사한 일을 수많은 시간 동안 해 왔기에 어떤 분야든 최고의 방법이 있다. 일단 그것을 습득하고 거기에 나만의 독특함을 더할 필요가 있다. 그런데 맨땅에서 헤딩한다면 진보가 더딜 수밖에 없다.

¹⁷³ 배워 두면 커리어에 큰 도움이 될 기술

1. 영업법 2. 마케팅 3. 협상법 4. 프레젠테이션 5. 제안서 작성법 6. 커뮤니케이션 방법 7. 문제해결법 8. 글쓰기

174 장점 살리기

자신이 고음을 내는 능력이 부족하다면 고음이 없는 곡을 멋지게 부르면 된다. 더 높은 음을 내는 순으로 인기 있는 가수가 되는 것이 아니니 자신의 장점을 살리는 것이 단점을 보완하는 것보다 더 중요한 듯!

175 두 마리 소

어떤 직원이 회사를 옮겼는데 너무 널널해서 펑펑 논다고 자랑했다. 주인이 두 마리 소에 짐을 얹고 갔다. 한 마리 소가 꾀를 내어 힘든 척하자 주인이 짐을 다른 소에 얹었다. 이에 그 소는 펑펑 놀며 갔다. 집에 도착하자 주인은 저 소는 불필요하니 잡자고 했다.

많은 직장인들은 놀면서 연봉도 많이 받는 직장을 꿈꾼다. 그런 곳이 많은 듯 생각한다. 아직도 이런 곳들이 있을 수도 있으나 거의 없고 점점 없어질 것이다.

176 성공노트, 실패노트

일을 하면서 성공노트, 실패노트를 써 보는 것은 매우 중요해 보인다. 왜 성공하고 왜 실패했는지 분석하고 정리하면 배움이 쌓인다. 물론 기록하지 않아도 뇌 속에 쌓여 훈련이 되겠지만 망각이 쉽기에 기록하는 것이 훨씬 효과적일 수밖에 없다.

노련한 기업가들은 예상되는 이득을 계산하기 전에 자신이 잃을 것을 미리 측정해 놓는다. _사라스바티 Sarasvathy

177 지속적인 성장

미국 탑 헤드헌터인 제프리 크리스천Jeffrey E. Christian이 인재평가의 열 가지 기준을 제시했는데 그중 첫 번째가 '지속적으로 성장하는 사람'이라고 했다. 과거 경험과 현재 실력보다 더 중요한 것은 앞으로 얼마나 성장할 수 있는가임.

성장할 가능성이 큰 사람은 어떤 모습을 보일까? 성장가능성이 무궁무진한 어린아이들을 보면 느낄 수 있다. 호기심 많고, 항상 묻고, 배우려 하고, 만져 보고 시도해 본다. 시도하기를 두려워하고, 호기심도 없고, 배울 열망도 없다면 자신의 성장 가능성은 위험상태!

178 연봉과 직위

만일 어떤 회사에 입사 시 그 회사에서 직위와 연봉 중 하나를 선택하라고 하면 무엇을 택하겠는가? 많은 직장인들이 '연봉'을 선택한다. 직위는 낮더라도 연봉을 더 많이 받는 옵션. 그러나 경험상 '연봉'보다는 '직위' 선택이 중장기적으로 유리하다.

179 시행착오의 교훈

'어댑트'라는 책에서 팀 하포드Tim Harford는 복잡한 세상에서 문제해결의 막강한 방법은 시행착오 방법임을 주장한다. 작은 실험들을 통해 교훈을 얻어 최적을 찾아간다는. 그러나 과시성 프로젝트를 원하고 일관성을 리더십이라 여기는 정치가, 경영자, 관료들에게 잘 받아들여지지 않는다고.

180 가장 위험한 것

나는 열심히 하는데 회사는 알아주지 않는다고 실망하시고 그 다음부터 대충 일하시려는 분들이 있는데 아주 위험한 생각이다. 열심히 차별되게 일하는 것은 회사뿐 아니라 나의 발전에 엄청난 도움이 된다. 자신의 노력을 정지하는 순간 자신도 정지한다.

181 빵을 굽는 것이 부끄러운 일이 아니다

제가 신입사원에게 하는 말. '빵을 굽는 것이 부끄러운 일이 아니라 남과 다르게 빵을 굽지 못하는 것이 부끄러운 일이다'라는 성공한 빵집 사장의 말을 인용하며, 혹 하찮은 일을 만나더라도 '내가 이런 것 하려고 입사하지 않았다'라고 하지 말고 다르게 할 생각을 하시라.

182 노력하는 천재

어떤 분의 '천재를 이기는 법'이라는 글을 읽었다. 천재를 이기는 법은 그와 싸우려 하지 말고 가는 길이 단거리 경기가 아닌 마라톤이라 생각하고 꾸준히 노력하며 가는 것임에 공감. 반짝이는 천재들은 자신의 일에 쉽게 질려 하는 경향이 있기에.

몸의 어디가 약한 사람이 오히려 더 오래 사는 경향이 있다는 말을 들었다. 자신의 약함을 아니까 관리하고 조심하며 지내기에. 건강하다고 생각해 몸을 막 굴리면 망하는 법. 인생도 그러한 것 같다. 자신의 약함을 알면 조심하게 된다.

노력하는 천재를 이길 방법은 없다. 그저 존경하고 배울 수밖에. 그

러나 노력하지 않는 천재에 대해서는 그의 재능을 시기하고 자신의
둔감함에 번민할 수는 있지만 꾸준한 노력으로 따라잡을 수 있다. 그
런데 천재도 아니면서 노력도 하지 않는다면?

자신이 잘났다고 생각하다가 정말 고수나 천재를 만날 때 옵션 1.
경쟁하려 하다가 안 되면 시기 모함한다. 2. 자신의 재능을 한탄하며
칼이나 붓을 꺾는다. 3. 겸손히 자신을 더 연마한다. 예전 헤이스케
Hironaka Heisuke의 '학문의 즐거움'이라는 책에서 3번의 모습을 보았다.

183 이 나이에

임원들에게 공부도 더 하고 글도 쓰고 책도 내라는
잔소리를 자주한다. 그러면 '이 나이에'라는
답을 자주 듣는다. 내가 십년 전에 이야기할
때도 '이 나이에'라고 했던 한 임원이 오십이
넘은 이제 한다고 한다. 백 살까지 살고 일하는
시대 '이 나이에'는 스톱!

184 지금부터 시작하기

50대 은퇴한 한 분이 앞으로 어떻게 지낼지 고민하고 있을 때 그
친구가 물었다. '네가 다시 20대로 돌아간다면 무엇을 하고 싶은가?'
그는 20대로 다시 갈 수만 있다면 의학 공부를 하고 싶다고 했다. 그
친구는 앞으로 30년이 남았으니 지금 하라고!

성공할 수도 실패할 수도 있다

사람들이 진정 두려워하는 것은 실패하는 것이 아니라 다른 이들에게 '실패자'로 판단 당하는 것이라고 알랭 드 보통Alain de Botton은 말한다. 정죄하고 판단하는 것이 너무도 익숙한 사회이기에 개인들의 경제적 삶은 나아져도 두려움은 오히려 깊어만 간다는 것.

행복하려면 성공할 수도 있고 실패할 수도 있음을 이해해야 한다고 한다. 내가 나 자신에 대한 모든 것을 책임지려 할 필요도 없다고. 나의 실패를 나의 능력과 의지 부족 탓으로 돌린다면 좌절할 수밖에 없는 것.

사람들은 '평등'을 믿지만 실제 세상의 부나 권력 등은 불평등하게 분배됨. 이에 사람들은 더 '부러움'을 느낀다고 한다. 오히려 저 사람은 나와 다른 특별한 사람이라고 생각하면 부러움을 느끼지 않는데 나와 비슷한 사람이라 생각할 때 부러움, 피해의식을 느낀다고.

사람들이 원하는 것은 물질 자체가 아니라 보상이라고 한다. 알랭드 보통은 누군가 페라리를 몰고 지나가면 탐욕에 찬 사람이라고 비난하지 말고 연민하라고 한다. 사랑이든 인정이든 무언가 부족하기에 좋은 차를 통해 보상받고자 하는 행동이니 측은하게 여겨야 한다고.

퇴짜에 대하여

이상한 변호사 우영우는 유명 방송국에서 퇴짜를 맞았었다고 한다. 에밀리 브론테의 '폭풍의 언덕', 찰스 디킨스의 '두 도시 이야기', F 스콧 피츠제럴드의 '위대한 개츠비'도 모두 퇴짜 맞았던 책들이고 조앤롤링의 해리포터도 무려 12개 출판사에서 모두 퇴짜를 맞기도 했다. 이안 감독은 6년간 100여 편의 시나리오를 썼지만 모두 퇴짜를 맞았다. 그러던 어느날, 대만 문화부가 공모하는 시나리오 경연대회에서 드디어 우승을 하고, 그 상금으로

첫 영화 '쿵후선생'을 24일 만에 만들었다. 그 영화 이후 그는 한을 풀듯 끊임없이 영화들을 만들어 냈다. 그의 영화들은 38번이나 오스카상아카데미상 후보에 올랐고 그중 12번을 수상했다. 이안 본인은 동양인 최초로 '브로크백 마운틴'으로 오스카상을 받았고, 이후 '라이프 오브 파이'로 또 오스카상을 받았다.

두드리면 열린다.
당장 안 열려도 가능성을 훨씬 높인다.
얼마나 높이 뛸 수 있는지 알고 싶다면
실제로 뛰어 보라

3 행동

187 닭과 독수리

엘든 테일러eldon taylor에 의하면 닭과 함께 성장한 독수리는 날지 못한다고 한다. 동물들은 집단에 수용되면 동료들을 모방하게 되고 복사된다고 한다. 인간들도 대부분 그러하다고. 해결책은? 그는 이렇게 말한다. '얼마나 높이 뛸 수 있는지 알고 싶다면 실제로 뛰어 보라.'

188 독서보다는 행동

대체로 '경험'이나 '콘텐츠'를 담고 있는 책을 읽는 것이 강의를 듣는 것보다 낫다. 강의보다 책이 더 깊으니. 그러나 '방법론'을 다룬 책의 경우 독서는 거의 무용지물이다. 강의 듣고 훈련 받지 않으면 자신의 것이 전혀 안 된다. 수영책으로 수영할 수 없으니.

189 선택과 집중의 다른 말

전략의 기본은 선택과 집중. 이 말을 다른 말로 하면 포기할 것은 포기하라는 것. 그런데 실행모드로 들어가는 순간 모든 걸 다 잡으려 하고 결국 전략은 무의미. 그나마 다행인 것은 남들도 다들 그렇게 한다는 것. 이에 독특한 놈이 올 때까지는 그럭저럭 살아간다.

190 쉬운 것부터 실행

조직에 무슨 문제가 있는데 도대체 어디서부터 실마리를 풀어야 할지 모르겠다는 컨설턴트 출신 리더와 이야기를 했다. 수많은 문제와 대책을 정리하고 있었지만 무엇이 통할지 고민만 거듭. 이럴 때는 일단 제일 나아 보이는 것 또는 쉬운 것부터 실행하고 봐야.

191 습관이란

주로 지하주차장에 주차하는데 어제는 마침 지상에 자리가 있어 주차해 놓았는데 잊어버리고 평상시처럼 지하로 내려가다가 차가 없어 당황. 어휴, 바보라고 자책하고 다시 지상으로 간다. 습관이란 이렇게 무섭다.

습관이란 뇌를 쉬게 해 주고 효율적으로 작동하게 하는 좋은 장치임에 틀림없다. 모든 것에 대해 새롭게 생각한다면 머리가 빠개질 것이니. 그러나 그 편안함으로 인해 새로운 시도를 두려워하거나 귀찮아하게 한다.

192 세상을 바꾼다는 것

할리우드 영웅영화를 보며 자란 미국인들에겐 자신들이 세상을 구해야 한다는 강박관념 같은 것이 있지 않을까 싶다. 이러한 관념은 그들에게 큰 생각과 큰 꿈을 줄 수도 있지만 반면 그들이 세상의 중심이라는 아집도 줄 수 있을 것 같다.

지구를 구하고 세상을 바꾼다는 것은 높은 목표임에 분명하다. 실리콘밸리 창업자들도 자주 하는 말인데 왠지 어려서부터 봐 온 영웅영화에 세뇌되어서 그런 것 아닐까 하는 생각을 해 봄. 그러나 슈퍼영웅이나 IT창업자만 세상을 바꿀 수 있는 것은 아닐 것. 누구나 가능!

193 슈퍼 코넥터

대부분의 사람들은 자기가 친숙한 네트워크에서 벗어나지 못하는데 다양한 네트워크와 교류하는 사람들이 있음. 이러한 사람들을 '슈퍼 코넥터'라고 한다고.

자신이 익숙한 가족, 직업군, 집단이 아닌 새로운 집단의 사람들과 교류할 때 지적능력이 더 강화될 수 있고 폭이 넓어진다고. 그러나 수줍어하는 사람들에게 새로운 집단은 익숙하지 않기에 교류를 회피하게 됨. 수줍어 하는 사람들에게는 온라인 공간들이 큰 도움이 되는 듯.

194 실행력

글로벌 빅 컨설팅 펌에 다니다가 창업 후 실패. 다시 중소 컨설팅 펌으로 돌아온 전략 컨설팅 전문 임원과 이야기하다 보니 역시 전략만으로는 성공하기 어려움. 실행력이 담보되어야 하는데 실제 필드에서는 실행이 더 어려운 법.

전략 컨설팅 회사의 한 임원 왈. 어떤 대기업은 전략 수립에만 탁월. 보고서의 품질은 최고 수준이나 보고한 후 박수치고 칭찬받고 그 것으로 끝인 경우가 많았다고. 새로운 임원이 오면 또 그 방식을 되풀이. 결국 실행은 별로 바뀌지 않고 문서들만 남았다고. 반면 어떤 대기업은 실행력이 탁월. 전임 임원이 세운 전략을 새로운 임원이 쇼잉을 위해 뒤엎기보다는 이어서 끝까지 실행해 낸다고. 많은 시행착오를 겪었지만 타 기업은 중간에서 포기한 것을 결국 이루어 낸다고.

195 작은 실패의 소중함

실패를 안 해 본 사람은 실패를 두려워하지 않는다. 이는 큰 위험으로 이끌 수 있다. 작은 실패는 큰 위험에 대응하는 좋은 예방주사.

196 열정과 노력

중학교밖에 나오지 않았지만 열정과 노력으로 명장이 되고 성공한 기계회사 대표분을 안다. 50대 중반인데 주말마다 신문의 경영섹션으로 경영을 공부하신다고.

재능이나 스펙은 부족하지만 열정과 끈기로 일가를 이룬 분들을 보면 '지금 성실하게 일하는 것밖에 내세울 것이 없다며 한탄하고 있다면 그 우직함이야 말로 가장 감사한 능력이다'라는 가즈오Kazuo Inamori 교세라 회장의 말이 떠오른다. 10분이면 이해할 내용이 그분은 4시간이 걸린다고. 오히려 내가 부끄러워진다.

예전엔 하버드대학 다니거나 나오면 그것만으로 책 한 권을 써도 베스트셀러가 되었다. 지금은 하버드 나온 사람이 많아져서 그리 감흥을 주지 않는다.

197 노력하는 습관

재능이 조금 있다면 경험을 통해 스스로 배우고 큰
진보를 보일 수 있다. 그러나 전문가를 통해 제대로
된 방법론을 배우면서 경험하면 훨씬 더 빨리 진보를 보일 수 있다.

'습관'에 관한 베스트셀러를 읽었다. 읽은 후 나는 습관의 메커니즘은 명확히 이해하게 되었지만, 여전히 나의 과거 습관 중 바뀐 것은 하나도 없었다. 메커니즘을 아는 것과 실행하는 것은 별개다. 보통사람은 실행하려면 학원, 코치 등 스스로 구속하는 것이 필요하다.

의지박약한 보통사람이 어떤 방법론을 몸에 체화시키려면 처음에는 강한 외부적 환경으로 자신을 옥죄는 수밖에 없다. 천재 음악가라도 대부분 처음엔 지겹고 죽을 정도로 훈련받았다. 자신의 의지력으로 스스로를 변화시킬 수 있다면 그 사람이 특이한 사람이다.

딸이 대학생이던 시절에 가끔 공부 좀 하라고 잔소리를 하면 '아빠는 나를 어렸을 때부터 공부를 훈련시켰어야지요. 훈련이 안 되었는데 어떻게 지금 잘해요? 난 자식 낳으면 아주 세게 훈련시킬 거야'라고 하며 빠져나간다. 난 이후 '공부 자율론'을 완전히 접었다.

198 긍정성 질문

심리상담가 말에 의하면 직원들에게 질문할 때 '요즘 무엇이 문제니? 무엇이 어렵니?'라는 부정성 질문보다 '요즘 무엇에 가장 관심 있나? 요즘 잘되는 일이 뭔가?'라는 긍정성 질문이 더 좋다고 한다. 스스로 말 꺼내기가 더 쉽다고.

상담가들이나 코치들이 공통적으로 강조하는 말은 '답하지 말고 질문하라'다. 그런데 이분들을 만나면 좀 피곤하다. 뭘 물어보면 항상 역으로 질문한다.

199 인풋보다 아웃풋

얼마전 독서를 열심히 하는 분을 만났다. 책도 많이 읽고 독서클럽 도 다니고 세미나도 적극 참여하고 여러 뉴스레터도 구독해서 읽고 세바시나 Ted도 열심히 보아 아는 것이 많았다. 그런데 그것으로 자신의 콘텐츠를 만들거나 업무력을 향상시키거나 자신의 전문성을 높이거나 별도 수익화하지 못하고 있었다. 그저 끝없이 인풋만 하고 있었다. 건강한 신진대사란 인풋과 아웃풋의 균형에 있다. 너무 안 먹어도 건강하지 않지만 너무 먹기만 해도 건강에 좋지 않다. 나는 이런 분들에게 말한다. "배우다가 인생 다 보낼 겁니까? 그만 배우고 이제 아웃풋을 만드세요"

성과나 성공의 차이는 인풋에 달려 있는 것이 아니라 아웃풋이 어떠한가에 달려 있다. 몸의 근육도 써야 훈련되듯이 아웃풋도 자꾸 내야 훈련이 된다. 글도 발표도 자꾸 할수록 생각이 정리되고 똑똑해지며 훨씬 잘하게 된다. 가장 쉬운 것은 주기적으로 쓰는 것이다. 처음에는 자신이 배우고 경험한 바를 그냥 간략히 정리해서 블로그든 페

북이든 쓰라. 처음부터 제대로, 길게 쓰려면 무조건 실패한다. 140자로도 충분하다. 이후 인풋을 자신의 업무나 사업에 적용하여 효과를 올린다. 그리고 그 결과를 다시 글이든 영상이든 기록하여 타인에게 도움을 준다. 이제 점점 자기의 언어와 자신의 생각으로 정리한다. 마지막으로 위의 것이 쌓이면 수익창출이나 브랜드로 연결한다.

200 진보를 위한 세 가지

어떤 일에서 큰 진보를 보이려면 '마인드 셋, 툴 셋, 스킬 셋'. 이 세 가지가 있어야 한다고. 정말 하고자 하는 마음이 첫 번째. 그러나 마음만으로는 안 됨. 그 일을 잘할 수 있는 도구, 방법론을 습득해야 하고 이를 자유자재로 활용할 수 있는 방법을 배우고 익혀야 한다.

201 알아듣기 쉽게 말하거나 쓰는 비결

1. 요점이 분명해야 한다. 요점이란 한 문장이다. 그런데 그냥 한 문장이 아니라 "나는 ~생각합니다", "나는 ~제안합니다"의 한 문장이다. 현상을 요약하는 것은 요점이 아니다. 내 생각이나 제안을 말하는 게 요점이다. 예를 들어, 시장조사보고면 "시장을 조사했더니 이런 트렌드가 유행입니다"는 요점이 아니다. 그러면 "그래서?", "그래서 당신 생각은?" 이에 대한 답이 요점이다.

2. 큰 그림에서 작은 그림으로 내려오되 필요시 구체적 예시를 넣는다. 항상 큰 프레임을 잡고 중간으로, 이후 작은 그림으로 내려온다. 줄기-가지-잎의 순이다. 그래야 상대의 머리가 맑아진다.

3. 말이나 글이 하나의 논리적 스토리로 연결이 되어야 한다. 죽 따라가다보면 자연스럽게 설득이 되어야 하는데 이를 위해서는 스토리로 연결되어야 한다.

202 가장 중요한 것을 잘하는 것

'열심히 하는 것'보다 더 나은 것은 '잘하는 것'임은 모두 알고 있는데 이보다 더 나은 것이 있다고 한다. 그것은 '가장 중요한 것을 잘하는 것', 특히 내가 강자가 아니라 자원이 부족한 약자일수록 이 말은 중요.

203 두드려야 열린다

적극적으로 요청하면 물론 거절을 받을 때도 있겠지만 의외로 이루어지는 경우가 더 많음을 발견하게 된다.

생각외로 소위 성공하고 성숙한 사람들중 많은 분들은 관대하고 여유가 많다. 그리고 다른 사람을 도와줄 준비가 되어 있다. 그런 분들에게 도움을 받지 못하는 유일한 이유는 '요청하지 않아서'이다. 두드리면 열린다. 설령 당장 안 열려도 열릴 가능성을 훨씬 높인다. 가만히 있는데 문이 갑자기 열리지 않는다. 설령 열린다 해도 시간이 너무 걸리고 언제 열릴지 알 수도 없다. 당신이 마법사나 염력술사가 아닌 이상 '행동'하지 않으면 그 무엇도 바뀌지 않는다. 정중하게 두드려보시라. 행동하시라. right now!

204 채우기보다 빼기

미숙함은 지나침을 가져온다. 즉, 무언가 모자라다는 생각에 자꾸 불필요한 것을 더한다. _우에하라 하루오 上原 春男 부족하다해서 채우려고만 하지 말고 불필요한 것을 빼려 해야.

어느 영역이든 진정한 고수는 힘을 뺄 줄 안다. 자신의 힘을 자랑하고 사정없이 공격하는 자는 고수가 아니다. 부드러운 듯하지만 강약을 조절한다. 물러설 줄도 안다. 분을 토하지 않는다. 자연스럽고 겸손하다.

205 초심으로

예전 훌륭한 작가 한 분이 큰 상을 받은 후 이렇게 말했다고 한다. '기뻐하는 건 오늘 하루로 족합니다. 내일부터는 다시 배움의 자세로 돌아가 한 장 한 장의 원고지를 채워 갈 뿐입니다.'

성공의 순간, 한계의 순간일수록 초심으로 돌아가야 한다는.

206 오늘을 산다

어떤 분이 당신의 성공비결은 무엇입니까? 라는 질문에 대해 '오늘을 살지 않으면 더 나은 내일은 오지 않는다'고 답했다 한다. 그리고 여기에 평범함이 쌓여 비범한 결과를 만든다는 말을 더했다고 한다.

207 벌은 새로운 행동을 만들지 못한다

'벌'은 어떤 행동을 멈추게는 할 수 있어도, 새로운 행동을 만들지는 못한다. 새로운 행동을 만들기 위해서는 '보상'을 써서 스스로 변화하게 해야 한다. 물론, '벌'도 필요가 있다. 어떤 행동을 당장 멈추게 하는 데 가장 효과적이다. 그러나 나쁜 행동을 멈추는 것과 새로운 행동을 만드는 것은 다른 문제다. 새로운 행동을 하게 하려면 시간과 피드백 그리고 보상이 필요하다. 소리를 지르고 화를 내고 짜증을 내고 벌을 가한다고 해서 자녀나 학생이나 직원이 변하지 않는다. 벌주고 잡아 가두는 게 상책은 아니다. 물론, 이 말은 사람을 조종하고 통제하는 방법으로 '상'을 쓰라는 의미는 아니다. 스스로든, 자녀든, 직원이든 그들에게 새로운 습관과 행동을 만들게 하려면 '처벌'이 큰 효과가 없다는 것이다. 대신, 변화하려는 노력에 피드백을 주고, 개선하면 인정하고 손뼉을 쳐 주라는 것이다. 꾸준히 이를 반복해야 한다는 것이다.

208 거봐, 내 말이 맞지?

루 거스너Louis V. Gerstner, Jr.에 의하면 가치를 만들지 못하는 유형은 '방관 비평자'다. 어느 곳이나 문제와 어려움이 있다. 다들 이를 이기기 위해 분투하는 데 동참하지 않고 시늉만 하며 옆에서 팔짱 끼고 비판한다. '틀렸어. 내 말이 맞지? 내 말 안 듣더니' 식으로 말한다. 전염시킨다.

가장 안타까운 사람은 일에는 열정이 없으나 부정적 비평에 열정이 가득해 다른 사람들의 열정까지 깨는 이들이다. 대충 일하지 왜 그렇게 하느냐고 한다. 쉽게 돈 버는 길을 찾으라 한다. 열심히 해 봤자 알아주지도 않는다고 한다. 이들 말을 들었다간 고생.

209 직업을 넘어선 사명

한 학생이 당신은 의사 같은 좋은 직업을 가지고 싶은 적이 없었나요? 라고 묻자 피아니스트 임현정 씨는 '예술가는 직업을 가지는 것이 아니라 사명을 가지는 것'이라고 답변한다. 멋있다. '직업'을 넘어선 '사명'이라는 것.

210 '그런데'를 붙이지 말기

진정한 사과는 그 다음에 '그런데'라는 단어를 붙이지 않는 것이라고 한다. 사과는 진심에서 하고 깔끔하게 해야 한다. 좀 억울하고 나만 그런 게 아니고 할 말이 있더라도 '그런데'를 붙이는 순간 구차해지고 진정성을 의심받게 된다.

211 목표에 대해

'스스로 목표를 정하는 것', '참여하고 논의해서 목표를 정하는 것', '목표가 할당되는 것'.

이렇게 세 가지 방식에 대한 연구에 의하면, 가장 높은 성과는 세 번째인 '목표가 할당되는 것'이라고 한다. 목표는 주는 것이 더 낫다는 것이다. 대신 왜 이런 목표가 주어지는지 충분히 이해시켜야 한다고 한다.

212 상대의 장점 나열하기

'장점'을 살리는 것의 중요성에 대해 느끼면서 주위에 떠오르는 사람들의 장점들을 나열해 보았다. 그동안 단점들만 보였던 부하직원들이나 자녀들에 대해서도 떠올려 보니 정말 장점이 많다. 평소 '단점을 보는 안경'을 쓰고 다니는 것은 아닌지. 안경을 바꿔 써야.

213 병아리 트라우마

어떤 프로를 보니 큰 고양이가 같이 사는 병아리만 오면 겁을 먹고 도망간다. 이유를 파악해 보니 고양이가 맨 처음 병아리를 보았을 때 병아리가 강하게 대쉬한 기억 때문. 일종의 '트라우마'라고 한다. 실제 내가 강한데도 트라우마에 갇혀 있으면 평생 겁먹게 된다.

214 불필요한 행동의 최소화

프로와 아마추어의 차이는 능력과 성과만이 아니라 한다. 프로는 과정에서 불필요한 행동을 최소화한다고 한다. 이 말은 맞는 듯하다. 자신의 말과 행동을 잘 통제해야 진정한 프로다.

215 인사하라

어떤 정신분석의사가 대인관계 향상을 위해 권고하는 간단하지만 실용적인 한 가지 팁, '열심히 인사하고 반갑게 인사를 받아 줘라'라고. 맞는 말씀인 듯. 인사만 밝게 잘하고 잘 받아 줘도 직장이나 사회생활이 훨씬 밝고 부드러워질 듯.

216 자기 통제력

심리 관찰에 의하면 '자기 통제력'이 '지능'보다 그의 성과나 성공에 두 배 이상의 연관성이 있다고 한다. 유혹이나 충동, 고난에 쉽게 반응할수록 발전하기 어렵다는 것.

'자기 통제력'이 강화되려면? 자기 통제력이 강화된다는 것은 쉽게 유혹받고 흥분하고 좌절하지 않는다는 것. 특히 충동이나 유혹 대상을 존재하지 않는 것처럼 상상하거나 다른 곳에 관심을 분산시키는 것이 큰 도움이 된다고 함.

217 직장에서 똑똑하게 보이는 비결

'묻는 질문에 간략히 핵심만 대답하기'만 잘해도 정말 똑똑해 보인다. 쉽다고 생각하지만 이렇게 답하는 사람은 10퍼센트도 안 된다. 나도 글로벌회사, 유명 대기업들도 다녀 보았지만 그러하다. 예를 들어, "그 방안의 장점과 단점을 말해 주세요"라고 물었다면 "그 방안의 장점은 ~이고, 단점은 ~입니다" 이렇게 답하면 되는데 이렇게 답하는 사람은 의외로 많지 않다. "그 방안은 어떻고요. 그 방안은 어떻게 만들어졌고요~" 질문과 관계없는 주변 가지들을 자꾸 말한다. 질문에 대해서는 '결론만 짧고 명확히 먼저 말한다' 그리고 시간이 남거나 상대가 이유를 요청하면, 근거되는 이유 3가지를 첫째, 둘째, 셋째이렇게 말한다. 이렇게만 하면 엄청나게 똑똑한 사람으로 보인다.

218 두 문장

한 정신과 의사분의 강의를 들으니 '넌
정말 소중한 사람이야!', '너 정말 열심히
했구나!' 이 두 문장만 진심으로 사용해도

인간관계에서 생기는 대부분의 문제와 스트레스를 해소할 수 있다고.
'나도 소중하고 너도 소중하다' 이것을 항상 기억하자. 나만 소중한
것도 너만 소중한 것도 아닌 나도 너도 소중.

219 공포와 갈망

메타페이스북의 여성 COO 샌드버그Sheryl Sandberg의 Barnard 여자
대학 졸업식 축사. 여성들에게 던졌던 메시지가 멋있다. '공포가 너
의 갈망을 뒤덮게 하지 말라. 행운은 용감한 자를 선호한다. 가서 스
스로에게 물어라. 만일 네게 두려움이 없다면 무엇을 하겠는가? 가서
하라.'

갈망하지만 두려움으로 인해 하지 못하고 현재를 고수하고 유지하
는 삶을 살고 있는지? 만일 네가 두려움이 없다면 무엇을 하겠는가?

220 최선을 다했는데 실패한다면?

성경에 보면 다윗왕의 스토리가 나온다. 그는 훌륭한 왕이었지만
한 번의 큰 실수를 한다. 부하의 처와 관계를 맺은 것이었다. 그 부하
의 처 사이에 아이를 낳는데 신이 벌을 내려 그 아이가 앓기 시작한
다. 이에 왕은 식음을 전폐하고 밤새도록 엎드려 신께 그 아이를 살

려 달라고 한다. 그러나 7일 만에 그 아이가 죽는다. 그 아이의 죽음을 먼저 알게 된 신하들은 겁을 낸다. 아이가 아플 때도 저렇게 식음을 전폐하시는데 죽은 것을 알면 왕이 얼마나 상심하겠는가. 이후 왕이 소식을 듣게 되자 예상과 달리 땅에서 일어나 몸을 씻고 기름을 바르고 의복을 갈아입는다. 그리고 왕궁으로 돌아와 음식을 그 앞에 차리게 하고 먹는다. 이에 신하들이 의아해하며 묻는다. "아이가 살았을 때에는 그를 위하여 금식하고 우시더니 죽은 후에는 나서 잡수시니 이 일이 어찌 됨이니이까?" 그러자 그는 이렇게 답한다. "아이가 살았을 때에 내가 금식하고 운 것은 혹시 신께서 나를 불쌍히 여기사 아이를 살려 주실는지 누가 알까 생각함이거니 지금은 죽었으니 내가 어찌 금식하랴 내가 다시 돌아오게 할 수 있느냐? 나는 그에게로 가려니와 그는 내게로 돌아오지 아니하리라."

어떤 일에 대해서 결과가 좋게 나오도록 최선을 다한다. 그러나 그렇게 최선을 다해도 기대한 결과가 나오지 않을 수 있다. 이 경우 처박혀서 원망하고 후회하고 술로 달래봤자 몸과 마음만 피폐해질 뿐이다. 몸을 씻고 옷을 갈아입고 기름을 바르고 맛있는 음식을 먹자.

221 역경을 만났을 때

궁즉통^{궁하면 통한다}이라는 말은 실제 '궁즉변, 변즉통, 통즉구'를 합한 말이라고 한다. 궁하면 통하는 것이 아니라 궁하면 변하고, 변하면 통하며, 통하면 오래 간다. 어려운 환경이 저절로 통하는 것이 아니라 변화와 새로운 시도를 통해 통한다고!

222 역경지수

라디오에서 한 강연자가 역경^{Adversity}지수에 대해 말한다. IQ, EQ 와 더불어 중요. 역경을 만났을 때 도망가는 Quitter가 있고 적당히 안주하는 Camper가 있으며 해결하고 극복하는 Climber가 있다고 한다. 우리는 어디에 해당할까?

223 학습된 무기력에서 벗어나기

사람을 황폐하게 만드는 것은 '학습된 무기력' 이라고 한다. 통제된 방에서 전기충격을 받고 무 기력해진 개에게 이후 피할 수 있는 대책을 마련 해 주었는데도 시도하지 않았다고 한다. 무언가 몇 번 시도했는데 안 된다고 느끼고 무기력해질 때가 가장 위험한 때다!

사람은 전진하고 경이로움을 체험할 때 행복해진다고 한다. 상식 과 달리 은퇴하고 편하게 지낼 때 더 빨리 늙는다고 한다. 일에서 도 전과 전진을 체험하는 경우가 많기 때문. 그러므로 오히려 빈둥빈둥 한 환경은 위험하다. 배우든지, 가르치든지 무언가 행동이 필요하다.

224 이로운 스트레스

사람에게 이로운 스트레스가 많다고 한다. 경쟁이나 열악한 환경 에는 스트레스가 있지만 이로 인해 사람들은 더 강해진다고. 반면 해 로운 스트레스는 옴짝달싹할 수 없는 상황에 갇혔을 때 나타난다고 한다. 악질 상사, 피곤한 룸메이트, 맞지 않는 배우자 등.

어떤 요리사가 불평불만인 딸에게 보여 주기 위해 세 냄비에 각각 당근, 달걀, 커피를 넣고 끓였다. 그리고는 딸에게 세 음식이 어떻게 변했는지 보라고 했다. 어려운 환경이 닥쳤을 때 딱딱한 당근은 흐물흐물해지고, 약해 보이는 달걀은 단단해졌으며, 커피는 향기와 맛을 내었다.

226 불가능과 행동

나의 아버지가 돌덩이 농장을 헐값으로 샀다. 어머니는 돌덩이들을 치우자고 했지만 그는 옮길 수 있었다면 이미 전 주인들이 옮겼을 것이라며 반대했다. 아버지 외출 때 어머니는 모두 옮겼다. 사람들이 불가능하다고 생각하는 많은 일들은 단지 사람들의 상상일 뿐이다. _링컨 Abraham Lincoln

227 힘을 빼는 것

음악이나 운동을 배우면 노련한 사람일수록 '힘을 빼는 것', '강약을 조절하는 것', '한 호흡에 여러 동작을 부드럽게 연결하는 것' 등의 특징을 보인다. 다른 분야도 유사. 초보자일수록 구분 동작에 힘이 들어가고 전문가일수록 총체적인 연결능력이 뛰어남.

228 꿈에 대해

한 Ted강의에서 마틴 루터 킹Martin Luther King의 연설이 'I have a

dream'이 아니라 'I have a plan'이었다면 많은 사람들에게 감동과 영향을 줄 수 있었을까?라고 한다. 내가 가진 것이 아니라 내가 꿈꾸고 믿는 것이 사람을 진정 움직일 수 있다는 것.

[229] 호기심, 열정, 믿음

고교밖에 졸업하지 못한 라이트형제가 어떻게 최고의 대학을 졸업한 공학박사들의 연구를 이기게 되었을까? 호기심과 열정, 믿음에서 나온 동기가 돈과 명예를 얻기 위한 동기보다 훨씬 강하다고 한다. 즐거워서, 호기심에서, 인류를 위해, 세상을 바꾸기 위해서!

[230] 목적에 기반한 행동

일을 함에 있어 가장 중요한 것은 이 일의 목적이 무엇인지 생각하는 것이다. 일의 목적은 본래 목적에 부합하는 가치를 덧붙이는 것이라는 말은 항상 명심할 필요가 있다. 목적과 부합되지 않은 일을 관습적으로 하고 있는 것은 아닌지 체크하자.

[231] 추진할 가치가 있는 전략

카네기는 테일러라는 컨설턴트를 소개받고 미심쩍은 얼굴로 '이보게 젊은이, 자네가 내게 들을 가치가 있는 이야기를 해 주면 1만 달러를 주지'라고 말했다. 그러자 테일러는 '당신이 할 수 있는 가장 중요한 일 열 가지를 작성하시고 1번부터 시작하세요'라고 답했다. 카네기는 1만 달러를 기꺼이 지불했다.

232 성과를 커뮤니케이션하라

열심히 일하는데 제대로 평가받지 못하는 이유는 대개 두 가지다. 성과와 관련없는 열심, 성과에 대한 커뮤니케이션의 미흡이다.

직장생활을 하면서 발견한 것은 1. 상사나 동료는 내가 말하지 않는 것은 모르는 경우가 많다. 2. 상사는 표현하지 않으면 내가 매우 만족하고 있다고 생각한다. 3. (소시오가 아닌 이상) 상사는 내가 진심을 담아 논리적으로 말하면 상당 부분 들어주려 한다.

233 새로운 경험의 중요성

새로운 환경, 새로운 배움은 뇌를 활성화하며 강하게 한다고 함. 매일 동일한 일을 반복하기보다는 가끔은 낯선 곳을 여행하고 가 보지 않았던 길로 출퇴근해 보고 새로운 길을 걸어 보는 것도 좋을 듯.

인간 두뇌는 자주 새로운 도전을 경험해야 그 능력을 최대한 발휘할 수 있다고 한다. 새로운 운동, 새로운 취미, 새로운 배움, 새로운 경험들을 쌓아 나갈 때마다 뇌에는 새로운 회로가 만들어지고 우리의 통찰능력을 향상시킨다고 한다.

새로운 것을 시도해 본다는 것은 흥미도 있지만 귀찮기도 하다. 나이가 들수록 더더욱 그러하다. 그러나 새로운 시도, 새로운 경험을 할수록 통찰력이 높아진다고 하니 귀찮더라도 따뜻한 방을 박차고 나가서 무언가 새로운 것을 시도해 보자.

234 의욕이 없을수록 행동하기

'의욕이 생기지 않아 행동이 안 된다'는 말을 자주한다. 그러나 전문가들은 역으로 '의욕이 생기지 않아서'라는 마음이 든다면 당장 작은 행동이라도 하라고 권고한다. 예로 책 읽을 의욕이 안 생기면 서점을 방문해 보라는 것. 행동이 의욕을 자극한다고!

하기 싫었는데 막상 해 보니 정말 좋았다는 경험이 많이 있을 것이다. 움직이기 귀찮았지만 막상 여행을 떠나니 좋았다든지, 가기 귀찮았지만 막상 참석하니 좋은 강연이었다든지. 의욕이 없고 귀찮다고 뒹굴고 있으면 더 의욕이 사라진다. 의욕이 없을수록 행동!

사람들에게 의욕과 동기를 끌어내 주는 좋은 방법은 억지로라도 보여 주고 행동하게 하는 것이다. 물론 실패도 있지만. 스포츠 관람을 TV에서 보면 되지 경기장까지 갈 필요가 없다던 친구가 있었는데 한번 가 보더니 이후 자주 간다. 의욕이 행동을 가져오지만, 행동이 의욕을 가져오기도.

235 실행력을 기르려면

대부분의 사람들은 '행동력'이 박약하다. '실행력'을 기르는 좋은 방법은 당장 할 수 있는 일들은 당장 하라는 것이다. 좋은 글을 저장해서 나중에 볼 생각하면 거의 못 본다. 지금 읽어 버려라. 실행할 사항이 있다면 여유 있을 때 할 생각 말고 지금 실행!

236 버리고 또 버려라

우리는 참 버리지 못한다. 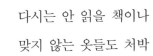 다시는 안 읽을 책이나 다시 안 쓸 물건도 쌓아 놓고, 맞지 않는 옷들도 처박아두고 허접한 주식들도 처분 못 하고, 정신건강에 안 좋은 걱정들도 간직하며 불필요한 일들도 버리지 못한다. 따져보면 다 이유가 있으나 막상 버리면 편해진다.

237 하기 싫은 일 몰아서 하기

심리실험에 의하면 나쁜 경험은 중간에 휴지기를 둘수록 더 고통스러워진다고 한다. 하기 싫은 일, 고통스러운 경험은 중간에 쉬지 말고 몰아서 빨리 해치우는 것이 유리하다고 한다. 나쁜 소식들도 여러 개 있으면 몰아서 전달하는 것이 상대를 위한 행동이다.

238 힘든 즐거움

일을 버리고 해변에 누워 있는 것이 가장 큰 즐거움이라 생각하지만 실험결과 오히려 스스로 무언가 만들어 내고 성취할 때 즐거움이 있다고 한다. 전문가에게 돈을 주고 음식을 사 먹고 꽃을 사는 것보다 서툴게 요리하며 꽃을 키울 때 더 큰 애착과 만족이 있다고.

239 통제한다는 것

알람 소리에 잠에서 깨고, 정해진 시간에 학교나 직장으로 등 떠밀려 가고, 각종 보상과 위협을 받고, 평가받는 일들은 하나같이 사람들의 내면에서 동기를 떨어뜨리는 것으로 드러났다. 어떤 행동을 하라고 통제받을 때 의욕과 동기는 현저히 감소한다. _에드워드 데시 Edward L. Deci

240 아이디어의 실행

아이디어를 내는 것이 중요한 것이 아니라 실행해 내는 것이 중요하다. 생각을 할 줄 아는 사람은 많다. 그러나 실행해 내는 사람은 거의 없다. '그거 내가 옛날에 생각했던 건데'라는 말을 백번 해 봐야 아무 변화가 없다.

241 시작이 반

'시작이 반'이라는 말은 어느 정도 과학적! 무언가 끝을 내지 않았을 때 사람은 그것을 계속 기억하고 불안감을 가진다고 함. 결국 일단 시작하면 끝낼 확률이 높아진다는 것이니 너무 머뭇거리지 말고 일단 시작하고, 뒹굴뒹굴하지 말고 뛰쳐나가는 것이!

242 실행을 통한 변화

오히려 공부 많이 하고 머리 많이 쓰는 사람들이 실행력이 약한 경우가 많다. 이해만 하고는 자신의 것이 된 것처럼 만족하는 경우가 많다. 그러나 이해로는 삶이 바뀌지 않는다. 쉬운 것 같지만 실행해야 변화가 생기고 발전이 이루어진다.

243 가장 낭만적인 행동

영미 여성들에게 한 '가장 낭만적인 행동' 조사결과. 1위, 그녀의 눈을 가리고 깜짝 선물을 준비한 곳으로 데려간다. 2위, 근사한 곳으로 여행 간다. 3위, 그녀에 관한 노래나 시를 쓴다. 4위, 그녀를 가장 멋지다고 한다. 5위, 낭만적 메일. 다 오글거리지만 기억할 필요가 있다.

244 꾸준한 연습

수많은 사람들이 살아온 세상. '성공비결이나 방법론'들은 이미 존재한다. 최고의 영업사원이나 관리자가 되는 비결, 공부나 스포츠를 잘할 수 있는 비결 등이 공개되어 있음에도 잘하는 사람이 소수인 이유는 '꾸준한 연습 과정'을 포기하기 때문이다.

십 년 이상 경력을 쌓아도 매년 자신을 개발하고 발전시키지 않아 2, 3년차 수준에 머물고 그걸 매년 반복하며 지내는 직장인들도 적지 않다. '대충 직장 생활하라. 열심히 해 봤자 소용없었다. 튀려고 하지 말라'는 등의 선배들 조언을 주의하라.

245 끊임없는 의지

젊은이들에게서 '어떤 준비를 하면 창업을 할 수 있는가?'라는 질문을 많이 받는다. 창업은 조건이나 적성으로 하는 것이 아니다. 자신에게 바위를 뚫는 물방울같이 끊임없는 의지가 있는지가 중요하다. 매 순간 일념을 벽에 던지다 보면 문이 열린다. _우메하라 Katsuhiko Umehara

246 꿈을 밀고 나가는 힘

꿈을 밀고 나가는 힘은 이성이 아니라 희망이며, 두뇌가 아니라 심장이다. _도스토예프스키 Dostoyevsky 열망, 긍지, 자부심 등은 냉정한 논리만으로는 심어 주기 쉽지 않음이 분명.

'대학 졸업 후 엄청난 실패를 겪었다. 결혼에 실패하고 실업자가 되었으며 싱글맘이었다. 그 긴 터널이 언제 끝날지 알 수 없었다. 그러나 난 살아 있었고 낡은 타이프라이터와 아이디어가 있었다. 실패가 두려워 아무것도 하지 않는 것이 가장 큰 패배다.' _조앤 롤링

247 지금 당장 할 수 있는 일

어떤 일을 하지 않은 것 때문에 후회하는 것을 방지하려면 지금 당장 할 수 있는 일을 하라고 한다. 사과를 하고, 부모님을 찾아 뵙고, 여행을 하고, 진학을 하고……. 만일 할 수 없다면 그 일을 하지 않으면 일어날 부정적인 결과를 생각하면 후회를 줄일 수 있다고 함.

248 예술가처럼 일하기

'일은 돈을 벌기 위해 어쩔 수 없이 해야 하는 작업이 아니라 예술

처럼 하라'는 글을 읽었다. 참으로 마음에 와 닿았다. 내가 하는 일이 예술이라면 내가 어떻게 할까? 더 생각하고 더 열정을 가지고 더 창의적으로 하지 않을까?

249 인생의 후회

사람들에게 살아온 생애 중 가장 후회하는
것을 말해 보라고 했더니 응답자 중 75퍼센트는
어떤 일을 하지 못한 것을 후회했고, 25퍼센트는
어떤 일을 한 것을 후회했다고 한다. 사람은 저지른
일을 후회하기보다는 안 해 본 일을 더 후회한다고! …… 했을걸.

작더라도 성공경험을 쌓아라.
리더는 구성원이 성공경험을 쌓게 도우라.
스토리와 전설을 만들어라.

4 성공

250 불평 요소에서 기회 찾기

불평만 하면 실패하지만 불평을 기회로 바꾸면 성공한다! _마윈 Ma Yun 알리바바 창업자

251 꿈에 날짜 적기

꿈에 날짜를 적으면
목표가 된다.

252 모리츠 회장의 말

1. 고장난 세상의 문제를 고치는 것을 사명으로 2. 잘하는 한 분야에서 크게 성공 3. 세상의 주요 문제는 아직도 해결되지 않았다. _실리콘밸리 '벤처캐피털의 전설' 모리츠 Michael Moritz 회장

253 팔려고 하지 않았다는 세일즈맨

최고의 세일즈맨들을 보면 '팔려고 하지 않았다'가 공통점. 어떻게 고객을 도울 수 있을까? 어떻게 고객을 유익하게 할까? 어떻게 그들

의 문제를 해결할까? 단순한 원리지만 눈앞의 실적에 눈이 먼 사람들이 대부분이므로 실행하기 쉽지 않다.

254 욕망하라 그리고 기록하라

1. '욕망한다고 반드시 얻는 것은 아니지만 욕망하지 않는데 얻을 가능성은 별로 없다' 돈을 갈망하지 않는데 돈을 벌기 어렵고 명예를 갈망하지 않는데 명예를 얻기 어렵다.

2. '자신이 갈망하고 기록한다고 반드시 얻는 것은 아니지만 얻을 확률을 아주 크게 높여 준다.' 이 글을 읽는 분들은 당장 빈 공간에 자신이 3년 내 이루고 싶은 5가지를 기록해 보시라. 이것만으로도 이 책을 구입한 효과가 있을 것이다.

255 의미 있는 변화

베조스Jeff Bezos는 선발자를 단순히 '시장에 처음 진출하는 자'가 아니라 '시장에서 처음으로 의미 있는 변화를 이끌어 내는 자'로 생각했다고.

256 누군가 먼저 하고 있다면

멋진 아이디어가 떠올랐는데 불행히도 누군가 하고 있다면? 뭐 어떤가? 더 잘하면 된다. 누군가 하고 있다는 것은 장애물이 아니다. 중요한 문제는 '당신이 더 잘할 수 있는가다'라는 글을 읽었다. 그렇다!

257 중도의 위험

'중도'는 가장 균형 잡힌 말 같지만 별 실체가 없는 말이라고 한다. 사업에서도 중도를 잡는 기업은 가장 위험. 가장 비싸든지 가장 싸든지 가장 독특하든지를 추구해야.

258 승리의 정의

승리의 정의는 두 가지다. 정말 차별화된 제품을 제공해서 고객이 경쟁 제품보다 비싼 가격을 지불하게 하든가, 아니면 똑같은 제품을 정말 싸게 팔아 경쟁자를 이기는 것. _마틴 Roger Martin 교수

259 부자 마인드

가난한 사람은 자유를 참아 푼돈을 벌고, 부자는 자유를 확보하여 큰돈을 번다. 가난한 사람은 인내의 대가로 월급을 받고 부자는 책임의 대가로 수입을 얻는다. 가난한 사람은 정보를 모으며 자기만족에 빠진다. 부자는 정보를 제공하여 수익을 만든다. _이구치 아키라.Akira Iguchi

260 집중의 힘

단순함 신속 아름다움

'집중'이 결정적인 성공비결이라고 한 인스타그램 CEO. 여러 가지를 그저 그런 수준으로 하기보다는 정말 중요한 몇 가지를 획기적으로 개선하고 차별화해야 한다고. 해결해야 하고 집중해야 할 몇 가지 핵심 문제를 명확히 하는 것이 매우 중요.

서비스나 솔루션을 만들 때도 가치와 원칙이 필요함을 느낌. 인스타그램에서는 단순함, 신속, 아름다움이라는 3개의 가치 강조. 마구잡이로 이런저런 기능 때려 넣어 만드는 솔루션이나 서비스가 아니라 분명한 우선순위와 가치에 근거한 솔루션, 서비스를 만들어야 한다.

가치나 원칙을 만드는 것과 꾸준히 실행하는 것은 별개다. 우리도 우리 서비스에 대해 가치와 방향을 정했지만 시간이 지나면서 흐지부지. 추구하는 가치가 담기고 공유되고 스며들고 지속되게 하는 것은 단순한 일이 아님. 이런 회사는 훌륭한 회사임이 분명.

261 성공 철학 뒤집어 보기

"브라이언 트레이시Brian Tracy, 당신은 성공을 어떻게 정의하세요?"라는 질문에 그는 이렇게 답했다. "내가 생각하는 성공이란 당신이 가장 즐기는 일을, 당신이 존경하는 사람들 속에서, 원하는 방식으로 할 수 있는 것입니다."_최상태의 인터뷰 중

브라이언 트레이시의 성공 철학을 뒤집어 보면 가장 큰 실패는? '가장 하고 싶지 않은 일을, 전혀 존경할 수 없는 사람들과, 자율성이 배제된 채 명령과 강제로만 일하는 것'일 텐데.

262 가장 간단한 성공비결

가장 간단한 성공비결은 당신이 3년 내 이루고 싶은 5가지를 상상하고 지금 당장 기록하는 것. 그리고 눈에 보이는 곳에 붙여 놓는 것.

263 무엇이 꿈일까?

중학교 시절 로켓을 만들려고 할 때 주위 어른은 한결같이 '네놈 머리로 되는 일이 아니다'라고 했다. 그 후 로켓을 개발했을 때 주위 사람은 '그것으로 먹고 살 수 없어'라고 충고한다. 나는 생각한다. 밥벌이를 위한 직업이 꿈일까? 실현 가능한 것이 꿈일까? _쓰토무 Tsutomu Uematsu

264 허핑턴의 50대

세계 최고 인터넷신문인 허핑턴 포스트의 창업자 허핑턴Arianna Huffington이 블로그를 쓰기 시작한 나이는 52세, 창업한 나이는 55세. 그녀는 말했다.

"성공이란 언플러그Unplug, 재충전, 잠에서 나온다."

265 착각자산

일본 작가 후루무다Furomuda는 흥미로운 공식을 제시했는데 '성공=운+착각자산+실력'이라는 것이다. 물론, 운의 영향도 크지만 '착각자산'이라는 요소의 영향이 매우 크다는 것. 전체적으로 누군가를 유능하다고 착각하게 하는 자산이 바로 '착각자산'이다. 똑같은 말을 해도 어떤 사람이 하면 환호하고, 어떤 사람이 하면 시큰둥하다. 똑같은 성과를 내도 어떤 사람이 하면 증폭되고 어떤 사람이 내면 평가절하된다. 실수를 하고 헛소리를 해도 어떤 사람은 상황참작이 되고 어떤 사람은 가차 없이 비난받는다. 이러한 뒷면에는 '착각자산'이 있다는 것이다. 그러면 어떻게 이 착각자산을 높일까? 자신에게 영향을 미칠 수 있는 사람들에게 최대한 강렬하게 알리는 것, 이를 통해 긍정적 이미지로 떠오르는 사람이 되어야 한다고 한다.

266 사장의 길

하마구치 다카노리Takanori Hamaguchi가 말하는 사장의 길

1. 모든 결과는 경영자의 책임이다. 눈이 와도 비가 와도 자신의 책임이다. 책임을 전가하지 말라.
2. 우연히 성공하는 회사는 있다. 그러나 우연히 성공을 지속하는 회사는 없다.
3. 진정한 고객제일주의는 죽을힘을 다해 최고가 되는 것이다.
4. 차별화란 모든 회사에서 할 수 있는 일을 어떤 회사도 할 수 없는 수준으로 하는 것이다.
5. 성장은 완만한 선을 그리지 않는다. 어떤 경계점을 넘어서면 급격히 상승한다. 대부분 그 직전에 험난한 시련기가 잠복해 있다.

267 실패의 보완보다 성공의 가속화로

작가 앤디 앤드루스Andy Andrews는 흥미로운 말을 한다. 사람들이 근본 원인을 찾는 '왜'라는 질문을 주로 언제하는가를 보았는데, 대부분 '문제가 발생했을 때', '왜'라는 질문을 한다는 것을 발견했다. 어떤 일이 말썽 없이 잘 돌아가거나 사업이 잘되면 그냥 가만히 놔둔다. 그러다가 문제가 발생하면 이유를 묻고 원인을 찾고 이를 해결

한다. 그러고는 다시 일이 잘 돌아가면 손을 놓고 내버려 둔다. 그런데 그는 진짜 '왜?'를 물어야 할 시기는 '잘 돌아갈 때'라고 한다. 왜 잘 돌아가고 있을까? 왜 특정지역에서는 매출이 증가할까? 왜 그 제품만 잘 팔릴까? 왜 고객은 그런 구매행동을 보일까? 이를 통해 잘 돌아가는 일을 더 잘 돌아가게 '가속화' 시킬 수 있다는 것이다. 이는 개인에게도 적용할 수 있다. 당신이 잘하는 부분이 있다면 그 이유는? 이 부분을 더 가속화할 방안은 무엇인가?

268 실패를 두려워하지 말라는 말

'경영의 신'이 있을 수 있겠지만 사업 성공은 여러 변수가 복합되어 있기에 한두 사업에 성공했다고 해서 그 성공 방정식이 다른 곳에서도 그대로 통용되리라 믿는 것은 위험. 장사나 변수가 적은 사업들은 가능하겠지만 복잡도가 높은 큰 사업은 간단치 않다.

실패를 두려워하지 말라고 하지만 그건 작은 실패들에 해당된다. 큰 실패는 한 번으로 인생이나 조직 전체를 망가뜨릴 수 있으므로 정말 두려워해야 할 것.

도전과 실패는 당연히 권장해야 하지만 재기가 가능한 범위 내에서만 하는 것이 원칙. 팔친스키Palchinsky 원칙으로도 알려져 있다.

사람마다 위험 수용도가 다르기에, 자신이 생각하기에 위험한 일이 다른 사람에게는 아닐 수 있다. 사실 역사의 진보는 상당 부분 위험 Taker들에 의해 이루어졌음은 분명. 그럼에도 불구하고 위험을 계산해 보는 것은 중요하다.

269 학자들의 논문시스템

학자들 세계의 논문시스템은 누가 만들었는지 몰라도 참으로 위대한 시스템이다. 학자들은 자신의 연구를 논문으로 오픈한다. 이에 지식은 맨땅이 아닌 선배들의 어깨 위에서 진보한다. 대신 학자들은 동료에게서 기여에 대한 명예를 얻는다.

학자들의 훌륭한 논문시스템은 인류에게 지식의 진보를 가져다주었다. 지식을 공개하고 명예를 얻은 것이다. 그런데 어떤 책을 읽으니 이런 시스템이 균열을 보이고 있다고 한다. 왜일까? 돈 때문. 점차 유명학자들이 노하우를 공개하기보다 비즈니스화하여 돈을 벌려 한다고.

270 집중시키는 힘

오디션 프로를 보면 '집중시키는 힘'에 대한 생각이 많이 든다. 수많은 지원자들 중 심사위원이나 청중을 집중시키는 이는 누구인가? 공급이 넘치는 이 시대, 집중시키는 매력이 없다면 성공하기 어렵다. 면접에서도 발표에서도 스피치에서도.

271 세상은 애플이나 아마존만이 바꾸는 것은 아니다

위키피디아 설립자의 강연을 들으며 전담 직원 수가 백 명밖에 되지 않는다는 사실은 내게 큰 충격을 주었다. 세상은 삼성이나 애플만이 바꿀 수 있는 것이 아니라 열 명으로도 백 명으로도 바꿀 수 있다는 것. 큰 비전을 가지고 이를 확산하고 동지들을 얻는다면!

전 세계 모든 사람이 인간 지식의 합산물을 무료로 접근하도록 하겠다는 원대한 비전. 이 비전을 이루는 데 전담직원은 백 명밖에 되지 않는다는 사실이 더 놀랍다. 작은 규모로도 세상을 바꿀 수 있다.

272 때린 데 또 때리는 스피치

스피치를 한다면 한 가지 주제만 하라. 때린 데를 또 때려야 멍이 드는 법. 대신 똑같은 방식으로 때리면 지루하니 스트레이트로도 어퍼컷으로도 훅으로도.

273 어떻게 신뢰를 줄 것인가

직장생활에 대한 조언은 다양하지만 가장 중요한 것은 가치 있는 존재가 되어야 한다고 다이아몬드Stuart Diamond교수는 말한다. 이때 내가 인식하기에 가치 있는 존재가 아니라 주위에서 인식하기에 가치 있는 존재여야 한다는 것. 이를 위해서는 사람들에게 다가가야 한다고.

협상론이건 리더십이건 코칭론이건 공통된 한 가지를 발견한다. 그것은 상대에게 신뢰를 주어야 한다는 것. 어떻게 신뢰를 줄 것인가? 그것은 상대를 존중하고 인정하는 것. 이것은 사실 실력과 스펙이 높을수록 실행하기 어려울 수도 있다.

274 꼴등이라도 악착같이 입학하고 입사하기

조사에 의하면 입사 성적과 입사 후 근무 성적과는

아무 연관성을 찾을 수 없다고. 결국 입사 시험이나 면접 과정은 적합하지 않은 사람을 걸러내는 과정이지 뛰어난 사람을 예측하는 과정은 아니라는 것.

중학교나 고등학교까지는 꼴등으로 입학하면 꼴등으로 지내고 꼴등으로 졸업할 확률이 높은 듯. 그러나 대학 이상은 확률이 낮아지고 직장은 전혀 무관. 꼴등으로 입사해도 일등사원이 될 수 있다는 것. 꼴등이라도 좋으니 악착같이 입학하고 입사하라.

275 브레인스토밍의 효과는 없다

콰이어트 저자 수잔 케인Susan Cain의 칼럼을 읽음. 협업, 그룹 씽킹이 중요시 되는 이 시대. 그러나 진정한 창의성은 혼자 조용히 일하는 데서 나온다고. 최근 카페식 사무실이 유행인데 정보 공유와 전달에는 도움이 되지만 창의성과 성과 면에서는 오히려 해가 된다고.

미국의 개발자들에 대한 조사결과, 최고 성과를 내는 개발자들은 독립된 사무실이나 개발 공간 등 프라이버시를 보장받는 경우가 많다고 한다. 오픈된 사무실이 소통에는 도움을 주지만 업무성과와 개발, 창의에는 오히려 해가 될 수도 있다고 함.

브레인스토밍의 효과는 거의 없다는 것이 정설. 효과적인 브레인스토밍이 되려면 미리 각자 생각을 해서 자신의 의견을 정리한 후 모여서 토의해야 된다. 별 생각 없이 회의 참석해서 브레인스토밍하면 남의 의견에 따라가거나 한 의견으로 동조되는 등 시간낭비.

276 실패를 극복하는 힘

성공은 강함이고 실패는 약함이 아니다. 인간의 진정한 강함은 실패를 극복하는 힘이다. 또한 실패의 원인은 약하기 때문이 아니라 바꿀 수 없는 것을 바꾸려고 하는, 혹은 바꿀 수 있는 것을 바꿀 수 없다고 생각하는 무지와 어리석음에 있다. _이소무라 다케시 磯村 毅

277 작은 은혜에도 반드시 감사하라

아버님 말씀. '작은 은혜라도 잊지 마라. 사람의 심리란 대가를 바라지 않고 도움을 주었더라도 아무 반응이 없으면 서운한 맘이 많이 들고 다시는 안 도와준다. 작더라도 항상 감사의 표현을 해라.'

만일 월급이 오르고 상 받고 승진되었으면 반드시 상사에게 감사하다고 이야기하라. 내 실력으로 이루었다고 생각하고 설령 상사가 도움을 주지 않았다고 할지라도 그렇게 하라. 그렇게 하면 상사는 당신을 예의바른 녀석으로 기억할 것임. 침묵하는 녀석은 괘씸한 놈.

278 실패를 어떻게 다룰 것인가

어느 인터뷰를 읽다 보니 이런 말이 나온다. '잘하게 되기 전까지는 재미가 없다'고. 한 분야에서 5~7년간 열심히 하다 보면 잘하게 되고 재미가 생긴다고. 어느 정도 공감되는 말이다. 나도 생각해 보니 못하는 것, 진보가 지지부진한 것은 재미가 별로 없다.

'누구나 실패한다. 우울해하거나 울거나 다른 사람을 비난해도 좋다. 하지만 결국은 이겨 내야 한다. 성공은 당신이 실패를 어떻게 다

루느냐에 달려 있다.'_제이미 다이먼 Jamie Dimon 회장의 하버드대 연설 중에서

279 백 미터 달리기와 마라톤

'직장생활이건 인생이건 마라톤 같다'는 말이 맞는 것 같다. 유능하여 초기에 빨리 달렸지만 환경이나 압박을 이겨 내지 못해 중간에서 낙오하거나 쉬는 사람들을 떠올려 보니 결국 시간이 지나도 우직하게 페이스를 유지하는 사람들이 대단하다는 생각이 든다.

백 미터 선수와 마라톤 선수는 다르다. 단거리 선수가 장거리까지 잘 달리지는 못하는 법. 혹 단거리에 뒤처졌다고 해도 실망할 필요는 없다. 인생은 마라톤이니. 그리고 늦든 빠르든 결국 골인 지점에는 다 동일하게 도착한다.

280 행운이 발생할 확률을 높이는 것

'행운도 포지셔닝'이라는 글을 읽음. 행운이란 일어날 가능성이 가장 큰 곳에 자신을 위치시킬 때 나타난다는 말이라고. 어떤 분야에서 크게 발탁되는 행운을 가지려면 숨어 있는 것이 아니라 의사결정자들의 눈에 띌 수 있는 곳에 있는 것이 훨씬 유리하다.

해리포터의 작가 조앤 롤링은 생활보호대상자에서 갑부가 되었다. 운이 따른 것이 분명하지만 그녀는 여러 출판사에서 수차례 거절당하면서도 끝없이 출판사를 노크. 해리포터 원고를 고작 4,000달러라는 헐값에 넘겼지만 굴하지 않았다. 행운이 발생할 확률을 높인 것.

281 혁신 그 자체

돈을 벌기 위해 혁신해야 한다고 강조하며 노력한 기업치고 성공을 한 기업이 많지 않다고 한다. 혁신으로 성공한 대부분의 기업은 '혁신' 그 자체가 좋아서 혁신을 하다 보니 성공이 따라온 것이라고 한다.

282 성공했다는 자만

성공이 자신의 능력만으로 되는 것이 아니라 사회적 도움, 환경, 운 등이 따라야 하는 것이기에 성공했다고 자만할 이유가 없다. 실패에도 운의 영향이 적지 않기에 실패했다고 너무 자책할 이유가 없다. 자신이 성공과 실패에 너무 책임지려 할 때 위험하다고 함.

283 능력주의

알랭 드 보통Alain de Botton의 Ted강의. 누구든 능력이 있다면 꼭대기까지 올라갈 수 있다는 '능력(실력)주의'는 좋은 듯 보이지만 실패한 사람을 무능하다고 여길 위험이 크다고. 과거에는 가난한 사람을 '운 없는 사람'이라 했으나 이제는 '무능한 사람'이라 하게 되는 상황.

284 성공 요인과 실패 요인

성공 요인을 찾는 것이 실패 요인을 찾는 것보다 훨씬 어렵다고 함. 성공은 실력, 운, 타이밍 등 여러 가지가 복합되어 발생하는 경우가 많기 때문에 재생산 가능한 요인을 발견하기 어렵지만 실패는 한두 가지 시도해 보면 그 결과를 알 수 있기에 실패에서 배우기가 쉽다고.

285 표준화보다 니치시장

소수에 의한 과점 시장에 진입하기 어렵다는 기존 주장에 대해 글렌 캐롤Glenn Carroll교수는 오히려 작은 기업들에게 차별화된 니치시장을 공략할 수 있는 기회를 준다고 말한다. 대기업의 표준화된 제품에 오히려 소비자들은 새로운 것을 원하게 된다고.

286 성공은 성공의 어머니

'실패는 성공의 어머니'라는 말이 있다. 그러나 불행히도 여러 연구결과에 의하면 이 말은 보통사람들에게는 진실이라 하기 어렵다. 메사추세츠병원 외과의 71명이 성공한 6516건의 수술을 연구한 결과, 수술의 성공률에 큰 영향을 미치는 요소는 타인의 실패경험과 자신의 성공경험이다. 자신의 연속된 실패경험은 자신을 위축되게 만든다. 즉, 보통사람들에게는 실패경험보다는 성공경험이 또 다른 성공을 이끈다. '성공은 성공의 어머니다'. 물론, 불확실성에 의한 실패와 실패를 통한 레슨은 삶에 큰 도움을 준다. 그럼에도 불구하고 성공이 왜 더 큰 성공을 낳을까? 자신감이 높아지는 데 이유가 있다. 그런데 또 한 가지는 마태의 법칙(가진 자가 더 가짐) 또는 후광효과가 있다. 그러므로, 1. 작더라도 성공 경험을 쌓아라. 2. 당신이 리더라면? 구성원이 작더라도 성공 경험을 쌓게 도우라. 3. 학벌·경력·자격 이런거 중요하지 않다고 멋져보이는 헛소리 하시는 유명인들 믿지 마라. 당신 또한 자신을 드러내고 제대로 평가받을 무언가를 쌓아야 한다.

287 유연함

성공을 거둔 사람은 성공체험에 도취하기 쉽다. 한 번 성공했으니 그것을 재현하는 일도 쉽다고 생각한다. 그러나 운이 따랐을 수도 있다. 초기에 적은 자원을 가지고 큰 모험을 했는데 성공했다고 해서 그 방식을 계속 가져가는 것은 무모한 생각.

사람들은 카리스마형 지도자를 희망하지만 카리스마가 있을수록 불확실성 세계에서는 위험하다고 한다. 누구도 미래를 예측할 수 없고 원하지 않는 일도 일어나기 마련인데 자신을 절대시하고 마음에 들지 않는 것을 배척하면 결국 치명적인 실수를 저지르게 될 위험이 크다고.

불확실성 세계에서는 천재가 모든 것을 꿰뚫고 리드하는 방식이 아니라 뜻밖의 사태에도 유연하게 대처할 수 있는 다양한 인재 등용과 조직 구성, 시행착오를 통한 배움, 다양한 아이디어와 의견의 수렴, 원칙보다는 잘못 갔다면 바꿀 수 있는 유연성이 더 효과적이라고!

때로는 많은 리더들이 자신의 체면과 권위로 인해 이미 내렸던 의사결정이 바르지 않음에도 불구하고 고수하는 경우가 있다. 이를 강한 원칙과 소신이라고 포장하는 경우도 종종 있다. 때로는 조삼모사라는 말을 듣더라도 잘못되었다면 솔직히 인정하고 고치는 것이 현명하다.

288 작은 성공 경험 쌓기

실패를 통해 성공을 배우는 것도 좋지만 성공을 통해

또 다른 성공을 거두는 것이 더 좋다. 이를 위해서는 작은 성공 경험을 쌓아 나가는 것이 유리. 능력이나 의지가 부족하다면 너무 큰 목표를 세우기보다 작고 가까운 목표를 통해 성공 경험을 쌓는 것이 좋다.

289 실수를 인정하기

성공한 사람들에게 가장 큰 위험은 자신의 실수와 실패를 인정하기 어려워하는 것이라고 한다. 명성을 쌓아 왔고 존경받아 왔던 사람일수록 자신의 실수를 인정하는 것과 기존 의견 수정하기를 거부하며, 자신을 합리화한다는 것. 난 실수할 수 있다고 인정하라.

290 문제해결 법칙

팔친스키Palchinsky의 문제해결 법칙 1. 새로운 것을 시도하라. 2. 실패하더라도 살아남을 수 있는 규모로 하라. 3. 피드백을 구하고 실수와 실패에서 교훈을 얻어라. 새로운 것을 시도할 때는 실패하더라도 살아남을 수 있는 규모로 실행할 것.

금융 등 복잡한 시스템이 점점 강하게 결합되면서 하나의 실패가 모두를 위험에 빠지게 한다. 실패를 대비한 디커플링, 느슨한 결합 필요.

291 최고의 능력은 투지

미 웨스트포인트에서는 입학 후 한 학기가 끝날 때쯤 이십 명 중 한 명은 포기한다고 한다. 학자들이 왜 어떤 학생은 지속하고 어떤 학생은 포기하는지 연구했다고 한다. 지속하게 하는 최고의 요인은 지성, 능력, 육체적 능력이 아니라 '투지'였다고.

292 백댄서의 기회

스파링파트너가 챔피언이 되고, 훈련 상대가 금메달리스트가 되는 경우가 종종 있다. 자신이 훈련 상대, 백댄서밖에 되지 않는다고 그것에만 충실해선 안 된다. 야망을 갖고 챔피언의 장단점을 파악해 자신의 기량을 갈고 닦는다면 분명 기회가 올 것이다.

293 위기 상황에서 보이는 능력

평상시에는 능력이 비슷하다고 느끼지만, 문제나 위기가 생겼을 때 대처하는 모습을 보면 차이를 확연히 느낀다. 위기의식을 가지고 고민하고 대안을 찾고 발로 뛰면서 해결하려는 사람과 그렇지 않은 사람이 명확히 구분된다.

294 아이디어를 내지 않는 이유

'왜 많은 직원들이 회사에 아이디어를 적극적으로 내지 않을까?'에 대해 이야기해 보니 가장 많은 답변이 아이디어를 내면 상사는 그 아이디어를 더 구체화해 보라는 숙제를 자기에게 주므로(기존의 일은 그대로 하게 하면서) 피곤해질 가능성이 커지기 때문이라고.

295 홈런보다 안타

홈런타자도 필요하지만 안타 치는 타자들이 더 많아야 한다는 생각이 든다. 다들 애플이나 구글이 될 수도, 될 필요도 없다는 생각이다. 꿈을 갖는 것은 좋은데 너무 현실과 동떨어진 생각을 하면서 창업하는 것은 위험하다.

296 보상과 창의성

기계적 업무에는 외적 보상과 처벌이 좋은 효과를 가져오지만 발견적 업무에서는 외적 보상이 오히려 해로운 영향을 미친다. 내재 동기는 창의성을 유도하지만, 통제적인 외재 동기(외적 보상과 처벌)는 창의성에 해가 된다. _에머빌 Amabile

297 적의 무게

전략을 세울 때는 적을 가볍게 생각하고, 전술을 펼칠 때는 적을 가벼이 보지 마라. _마오쩌둥 Mao Tsetung

사기를 진작시키고 투지를 불태워야 할 때는 자기 과신이 도움이 될 수 있지만 구체적인 행동에 들어가면 신중한 태도를 취해야 한다는 것.

298 직원들의 질

스피드가 5할이다. 노력이 3할이다. 능력은 1할 5푼, 학력은 고작 3푼, 회사 지명도는 2푼이다. 이것이 불황을 이기고 돈 버는 포트폴리오다.

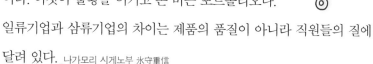

일류기업과 삼류기업의 차이는 제품의 품질이 아니라 직원들의 질에 달려 있다. _나가모리 시게노부 永守重信

299 다른 사람도 하는 것

비즈니스에서 가장 경계해야 할 유혹은 '다른 사람도 다 하고 있다'라는 다섯 단어다. _워렌 버핏

300 창조, 유니크, 글로벌

드림웍스를 방문하신 분의 말씀. 그곳 직원들과 이야기해 보니 최고경영자가 직원들의 아이디어에 대해 논의할 때 세 가지의 기준으로만 대화한다고. '창조적인가? 유니크한가? 글로벌한가?'

301 명확한 진단

훌륭한 전략은 진단을 통해 해결해야 할 문제와 그 본질을 명확히 드러내고 이를 해결하기 위한 구체적 지침과 행동 계획을 도출하는 것. _러멜드교수

단순하고 상식적인 이야기인데 여전히 제대로 실행되지 않는다고 함.

302 반복 도전

머리가 좋아도 다른 사람에게 싫은 소리를 들으면 견디지 못하고 맥없이 꺾이는 사람이 있다. 이에 비해 머리가 다소 약하더라도 반복 도전해서 이를 통해 배워 나갈 수 있는 사람이 있다. 이런 사람이 더 성공한다. _우치다 카즈나리 Kazunari Uchida

147   4장. 성공

303 평범함에서 벗어나는 방법

평범함에서 벗어나기 위해서는 실패를 해 보는 수밖에 없다. 승리는 놓치더라도 교훈은 반드시 손에 넣어라! 기억할 말씀.

304 모범과 실패

학교에 가면서부터 우리는 눈에 띄는 것이 안 좋은 일이라 배웠다. 안전하게 행동하기, 규칙 준수하기, 소란 피우지 않기 등 이런 법칙이 모범이라 배웠는데 이는 실패로 인도하는 법칙이다. 북적대는 시장판에서 튀지 않는다는 것은 곧 실패하는 것이다. _세스 고딘 Seth Godin

305 바뀐 게임의 법칙

어떤 제품의 미래가 리마커블할 것 같지 않을 때 게임의 법칙이 바뀌었다는 사실을 인정하고 죽어 가는 제품에 투자하지 말고, 거기서 챙긴 이익으로 무언가 새로운 것을 만드는 데 투자하라. _세스 고딘

306 공통점이 없다는 것

성공적인 기업들 사이에 공통적으로 발견되는 사실은 이들 사이에 공통점이 없다는 것이다. 성공 기업들은 별종이다. 그들은 리마커블한 무언가를 했기 때문에 앞서갔다. 당신이 그것을 따라할 때는 이미 리마커블하지 않다는 것이다. _세스 고딘

307 복원력

동일한 강도로 책망해도 큰 외상을 입은 듯 보이나 빠르게 회복하는 직원이 있는가 하면, 겉보기에는 별 외상을 안 입은 듯 보이나 큰 내상을 입어 쌓아 놓고 잊지 못한 채 계속 매어 있는 직원도 있다. 경험상 감성이 예민하면서 꼼꼼하고 자존심이 센 경우.

308 고인 물

고인 물은 썩는데 고인 물속에서 싸워 시체들이 즐비하면 더 빨리 썩는다. 좁은 곳에서 싸우고 왕 노릇 해 봤자 공멸할 뿐이다. 열고, 배우고, 외부 인재와 아이디어를 도입하고, 변화해야 신선해지고 지속되고 발전한다. 스포츠, 학계, 기업, 정치 등 모두 마찬가지!

309 실력과 스타

잘난 사람도 그를 든든히 받쳐 주는 기업에서 이탈하게 되면 빛을 잃는 경우가 많다. 기업 내 지적 자본, 동료 직원들과의 관계, 암묵적 요소 등 빛나게 영향을 주는 요소가 많다. 실력이 있다면 어디든 가서 스타가 될 수 있다는 것은 잘못된 판단. _프릭 버뮬렌 Freek Vermeulen교수

310 흑과 백

'과정'이 중요하다고 외치지만 우리 대부분은 '결과론'적 흑백 판단을 하고 있지 않은가 싶다. 결과가 안 좋으면 현재의 모든 실행이 정죄되고 결과가 좋으면 모든 것이 베스트 프랙티스로 간주되는 경향

이 있다.

311 옆 사람의 성장

미국에서 가장 일하고 싶은 직장 중 하나인 컨테이너스토어라는 회사가 지닌 황금 룰은 '다른 사람들이 성장하도록 최대한 도와주라'라고 한다. 협력, 신뢰가 무엇보다 중요!

312 스펙이란

모터사이클을 좋아하고 다양성을 존중하는 사람을 채용할 것. 할리데이비슨의 인력채용 원칙이다. 자신의 회사가 제공하는 제품이나 서비스를 좋아하고 의미와 사명을 가진 인력이 그 어떤 스펙을 가진 인력보다 중요!

313 프로의 공통적 요소

가수 지망생 오디션에 합격하는 비결은 노래, 춤, 외모 이 세 가지를 모두 어중간하게 잘하는 것보다 이 중 한 가지라도 확 뛸 정도로 잘하는 것이라 한다. '선택과 집중', '독특함과 최고'는 어디서나 프로가 되기 위한 공통적 요소임에 틀림없는 것 같다.

314 기회 담당자　기회담당

나는 고객에게 '가장 큰 실적을 올려 왔던 사람이 지금 무엇을 담당하고 있는가?' 라고 질문한다. 그런데 거의 예외 없이 그런 사람들은 기존의 것을 유지하는 일이나 문제를 담당하고 있다. 그러면 '기회는 누가 담당하느냐?'고 묻는다. 방치되어 있다. _피터 드러커 Peter Drucker

315 아이디어를 무시한 사례들

아이디어를 무시한 사례 몇 가지 1. '발상도 흥미진진하고 구성도 좋다. 하지만 C학점 이상 받으려면 실현 가능성이 있어야지.' 익일배송서비스를 연구한 프레드 스미스Fred Smith의 논문에 대한 예일대 경영 교수의 평가. 그 후 스미스는 페덱스를 창립해서 실현 가능성을 증명.

아이디어를 무시한 사례 몇 가지 2. '어두컴컴한 실내에서 지속적으로 보아야 하기 때문에 텔레비전은 결코 대중들 사이로 파고들지 못할 것'. -체스터 도조 하버드대 교수

아이디어를 무시한 사례 몇 가지 3. '배우가 말하는 것을 듣고 싶어 하는 사람이 어디 있다고 그래?' -워너 브러더스 창업사가 최초의 유성 영화 제작을 거부하며.

'본 것을 믿는 것이 아니라 믿는 것을 보게 된다'라는 말을 들었다. 그렇다. 가능성을 믿고 찾으면 보이지 않던 방안들이 보이게 된다.

316 과정과 결과

많은 경우 결과가 좋으면 과정도 훌륭하고 그 의사결정을 한 사람도 훌륭했으리라 생각한다. 그러나 연구자들에 의하면 우연히 좋은 결과가 생겼을 가능성도 적지 않다고 한다. 그러므로 잘된 결과에서 비결을 찾아 이를 일반화하는 것은 위험할 수도 있다는 것.

우리는 대부분 결과로 과정을 평가한다. 이러한 현상은 피하기 어렵다. 그러나 좋은 계획과 과정으로도 실패할 수도 있고 나쁜 계획과 과정으로도 우연히 성공할 수 있음을 명심해야 한다. _던컨 왓츠 Duncan Watts

어떤 의사결정을 하는데 분석결과 성공확률이 낮아 포기를 했다. 그런데 다른 회사가 그 안을 선택해 성공했다. 이 경우 초기 의사결정을 한 사람은 어떤 평가를 받을까? 아마 비난을 받을 것 같지만 실제로는 합리적 결정을 한 것이라는 책을 읽고 공감한 적이 있다.

317 마태효과

불행히도 마태효과(부익부 빈익빈)가 성공에도 적용된다고 한다. 개인이 초반에 성공을 거두면 인정과 명성을 얻어 더 많은 기회와 자원을 확보해 이후 더 성공할 수 있다고 함.

318 차별화란 △ △△△△ △▽ △

한 인기 웹툰작가의 인터뷰를 들음. 자기보다 잘 그리는 사람은 수도 없이 많다고. 그림을 잘 그린다고 인기 있는 만화를 만드는 것은 아닌데 그림 실력이 부족하다고 절망하는 사람이 많다고. 다른 직업도 동일해 보임. 최고란 자신만의 차별화를 이루는 사람!

만화가에게 가장 어려운 것은 초기 가난한 시절을 극복하는 것과 악플에 마음 상해서 자신감을 잃거나 스토리를 급하게 바꾸는 것이라고. 악플에 감사해야 한다고. 그나마 관심 있는 표현이니. 진정 무서운 것은 무플!

319 변화

외부 변화의 속도가 내부 변화의 속도를 추월하면 이미 종말이 다가온 것이다. _잭 웰치 Jack Welch

변화란 단지 과거의 습관을 버리는 것에 그치는 것이 아니라 대신 새로운 습관을 익히는 것이라 한다. 헌 옷을 버렸으면 새 옷을 입고, 옛 사람을 버렸으면 새 사람을 입자.

320 의논의 힘

잘 알지 못하는 문제나 힘든 결정 때문에 애를 먹고 있다면 그 문제를 당신이 아는 모든 똑똑한 사람들과 의논하시오. _IDEO CEO 팀 브라운 Tim Brown 스스로의 고민과 결단도 필요하지만 자신을 도울 수 있는 인재들이 필요.

321 간단하게 만들기

10배를 더 벌고 싶다면 일을 10배 간단히 만들어라. 10배를 더 벌기위해 10배로 노력하는 것은 너무 힘들고 불가능하다. 그보다는 지금 하는 일을 10배 더 간단히 할 수 있는 방법을 찾아라. _사이토 히토리 Saito Hitori

322 직장인의 성공

직장인들이 성공을 하려면 1. 남과는 다른 장점을 가지는 것 2. 월급 이상의 능력을 갖추는 것 3. 전문분야를 가지는 것 4. 다른 사람이

하지 못하는 일을 하는 것이 필요하다. _하세가와 가즈히로 長谷川和廣

323 긴장감

수많은 적자기업을 재건하는 과정에서 나는 재미있는 법칙을 깨달았다. 사장이 긴장감이 없는 회사는 2인자 3인자도 긴장감이 없다는 사실이다. 사장을 교체하면 바뀐다. 따라서 부서원들이 무능했던 이유는 그 위 리더의 영향이라는 느낌을 받았다. _하세가와 가즈히로 長谷川和廣

324 고객이 원하는 것

소비자는 4분의 1인치 구경을 뚫을 수 있는 드릴을 사고 싶어 하는 것이 아니다. 그들이 필요한 것은 4분의 1인치 구경의 구멍이다. _마이클 레빗 Michael Levitt 고객이 원하는 것은 물건이 아니라 결과물. 물건에 초점을 맞춘 전략이 아닌 결과물을 고려한 전략 필요!

325 벤처형 아이템을 성공시키기 어려운 이유

대기업에서 벤처형 아이템을 만들어 성공시키기 어려운 것은 과도하게 복잡한 의사결정 구조, 모든 의심과 질문에 대답해야 하는 정교한 사업계획서 요구, 초기부터 급격한 매출 실현 요구, 해당 아이템에 대해 목숨 걸고 뛰는 사람의 부재 때문이다.

326 최고의 품질

최고의 품질을 만들려면 최고의 품질수준을 봐야 한다. 보면 눈높

이가 높아진다. 최고를 보지 않고 자신의 머리만으로
최고를 만들 수 있는 사람은 지구상 몇 명
안 될 것이다. 그 몇 명이 '나'라고 생각하
는 것은 오해.

327 **수익이란**

수익이란 비즈니스 모델이 결정하는 것이지 능력이나 노력으로 정
해지는 것이 아니다.

328 **스타트업이 대기업을 이길 수 있는 비결**

란체스터의 법칙Lanchester's Laws이라는 게 있다. 싸움에서 이기는
전략인데 쉽게 말하면 다른 요소가 동일하다면 병력의 수가 많은 쪽
이 이길 가능성이 제곱 정도로 높다는 것이다. 10명과 20명이 싸운다
면 전력이 2배 차이가 나는 게 아니라 4배 차이가 된다는 것이다. 즉,
자원이 많을수록 승리의 가능성은 제곱으로 증가한다. 그러면 "당연
히 직원 수가 많은 대기업이 무조건 이기겠네요?"라고 하지만 천만
의 말씀이다. 대기업은 겉으로 보면 수천수만의 직원이 일하지만 안
으로 들어가면 그 직원들이 아주 다양한 일을 펼쳐 놓고 한다. 즉, 방
어선이 매우 길다는 것이다. 만리장성을 쌓긴 하는데 불행히도 벽의
두께는 두껍지 않다.

즉, 대기업은 전체로 보면 수천수만이 있을지라도, 당신이 하는 사
업영역에는 고작 10여 명이 있을 수 있다. 그런데 당신 회사는 20명

155   4장. 성공

이라면 란체스터 법칙에 의하면 당신이 이길 가능성이 4배는 높은 것이다. 당신은 대기업과 싸우는 게 아니라 대기업의 작은 한 팀과 싸우는 것이다. 게다가 대기업은 몇십억 몇백억 정도의 매출은 관심도 크게 없다. 리스크 관리로 인해 돌다리도 두드려서 건너야 하고 여러 부서와 상사들을 설득해야 한다. 당신 회사 직원들보다 스펙도 높고 영리하긴 하지만 회사에서도 그리 큰 관심을 두지 않는 영역의 10여 명 대기업 부서와 생존의식으로 똘똘 뭉친 스피디한 20명의 당신 회사, 어디가 이길지는 자명하지 않을까?

당신이 스타트업이나 벤처라면 1. 대기업과 직접 경쟁하지 않는다. 2. 대기업이 화력을 쏟고 있는 영역을 피한다. 3. 대기업이 싫어하거나 별로 신경쓰지 않는 영역, '작게 시작하며 시간이 걸리고 고생하며 축적을 거치다가 비선형적 발산(성장)을 하는 영역'에 회사의 자원을 집중한다. 4. 이것저것 벌이지 말라. 포트폴리오 전략이란 규모가 커지면 쓰는 것이다. 작을 때는 모 아니면 도로 한곳에 올인해야 한다. 5. 통합이니 종합이니 정면승부니 대형 인프라 투자니 이런 거 하지말라. 이런 것은 대기업이 잘하는 영역이다.

망치가 되려 하지 말고 송곳이 되어라. 대기업이 별 관심두지 않은 어떤 니치 시장을 장악한 후 그 니치에 다양한 비즈모델을 더하여 시장을 키우든, 아니면 그 인접영역으로 확장하든 하면 된다.

329 조종사의 과실과 시스템의 과실
항공사고 조사에 있어 '조종사의 과실'은 가장 마지막에 고려해야 할 부분이라는 원칙이 있다고 한다. 사람의 실수로 원인을 몰아가면 시스템적 문제를 간과하기 쉽고 이는 재발방지에 대책을 찾기 어렵기 때문이라고.

많은 사고는 '인재'의 요소를 담고 있다. 그러나 어떤 개인에게 원인을 전가하면 레슨을 받거나 재발 방지가 어렵다. 총체적 시스템 관점에서 접근 필요. 인재라고 해도 왜 그런 행동을 하게 되었는지, 그것조차 막거나 보완하려면 어떤 시스템이 필요한지를 찾아내야.

330 일의 선택 기준

어떤 책에서 읽은 일의 선택 기준. 1. 사회에 부정적 영향을 주는 일인가? 2. 자신을 차별화할 수 없는 일인가? 3. 정말 싫어하는 사람과 일해야 하는가? 세 가지에 속하지만 않는다면 충분히 할 만한 일이라고.

331 대만 제일의 부자 비결

대만 제일의 부자 왕융칭王永慶은 과거 쌀가게를 할 때 손님이 쌀독에 쌀을 부어 달라고 하면 쌀독에 남은 쌀을 모두 퍼내고 새 쌀을 먼저 담은 후에 남은 쌀을 위에 부었다고 한다. 이런 작지만 고객을 배려하는 행동이 고객의 마음을 사로잡았다고.

332 전문회사와 큰 기업

어떤 분이 이런 질문을 한다. 전문회사의 컨설턴트를 스카웃, 고용하면 컨설팅 비용을 아낄 수 있을 텐데 어떻게 생각하시는가? 컨설 턴트의 힘은 다양한 회사에서의 경험과 지식이 생명이다. 그가 한 회 사에 종속되는 순간 이런 경험과 지식에서 끊어진다고 답했다.

전문가로서 전문회사에서 일할 것인가? 아니면 큰 기업의 한 영역 에서 일할 것인가? 가끔 받는 질문. 다양한 회사와 사람들을 경험하 고 싶고, 변화와 배움을 즐긴다면 전자를 선택하고 안정을 추구하고 설계보다는 구현과 운영에 관심 있다면 후자를 택하라고 한다.

직장인들이 직장 선택이나 옮기는 기준을 '돈'에 두는 경우가 많다. 동종의 유사한 일이라면 이해가 되기도 하나 다른 역할로 변화하는 데도 단순하게 생각하는 경우가 많다. 변화와 자유를 사랑하는 사람 들이 전혀 그에 맞지 않는 회사를 가려는 것을 보고 놀란다.

333 칭찬받을 때

칭찬을 받을 때 기분은 좋지만 조심스러워 진다. 칭찬받을 상황이라면 가능한 나 때문이 아니라 '운'과 '주위의 도움'이라 말하려 한다. 그럼에도 불구하고 여전 히 이를 못마땅하게 생각할 사람이 있을 수 있으므로 주의해야 한다.

334 초점

루 거스너Louis V. Gerstner, Jr는 회사가 평범한 상태에 머무는 가장 일 반적인 원인은 '초점의 결여'라고 한다. 대부분의 경우 한 기업의 경 쟁력은 그 기반사업에 있는데 여기에 다시 활력을 불어넣는 일은 아주 어렵기에 그 사업을 던져 버리고 엉뚱한 데서 길을 찾는 경우가 많다고.

335 성취동기와 권력동기

미국의 연구결과 CEO로 성공하려면 목표를 반드시 이루려는 성취동기가 높아야 하지만, 대통령으로 성공하려면 사람들을 자신의 편으로 끌어들이는 권력동기가 높아야 한다고 한다.

336 약속을 지킴

어려움에 빠졌다가 성공한 한 사장님의 성공비결 중 하나는 '약속을 지키는 것'이라고. 시간 약속을 지키는 것은 약속을 지키는 첫 단계라고. 생각해 보니 늦는 사람은 항상 늦는다. 시간 약속을 안 지키면 다른 약속도 잘 안 지킬 것 같은 생각이 드는 건 사실이다.

337 아이디어란

아이디어의 참신함은 얼마나 많은 비웃음과 조롱을 받느냐로 알 수 있다. 비웃음과 조롱을 받지 않는 아이디어는 식상한 것이다. _창업전문가 마크 앤드리슨 Marc Andreessen

338 원칙과 규칙, 그 다음에

어떤 게임이든 잘하기 위해서는 우선 게임의 원칙과 규칙을 배워야 한다. 그리고 두 번째는 그것에 대해 잊어야 한다고. 처음에는 기본 법칙을 배우고 충분히 연습하여 잊어버릴 정도가 되게 한 후에는 상대를 이기는 데에만 집중해야 한다고.

339 항복과 불명예

항복하는 것이 불명예는 아니다. 우수한 체스선수가 패배할 것이 자명한 게임에서 손을 떼듯, 장군은 마지막 한 사람까지 싸워야 한다는 생각에 사로잡힐 필요는 없다. _클라우제비츠 Clausewitz

세계적 프로 승부사들은 지는 게임은 빨리 포기한다.

340 최초 제품과 최초 브랜드

최초의 제품과 최초의 브랜드는 다르다는 글을 읽었다. 이 기본적인 차이를 잘 모르고 있었다니! 최초의 혁신제품이나 서비스를 만드는 것이 핵심이 아니라 고객들의 머릿속에 무엇이 진정한 최초인지라는 '인식'이 박히는 것이 더 중요.

341 신뢰성과 전문성

설득력은 친밀감, 상호의존관계, 유사성에서 생겨나는 신뢰성과 전문성으로 이루어진다고 한다. 그럼 둘 중 어떤 것이 더 설득력이 있을까? 실험에 의하면 신뢰성이 더 효과적. 전문가 추천보다도 친구 추천이 더 효과적이라는.

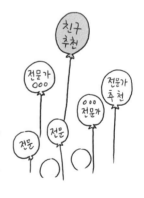

전문성보다 신뢰성이 더 큰 설득적 효과를 발휘한다는 것은 시사

점이 크다. 소셜의 힘이 그만큼 크다는 것. 평론가의 추천보다 친구 추천이 더 설득력이 있는 것을 보면, 전문가들도 영향을 발휘하려면 고객이나 대중과 더 친밀감, 상호성, 신뢰를 쌓아야.

한국인이 영어를 말할 때 어떤 모습이 더 신뢰감을 줄까? 실험에 의하면 한국인은 한국 억양으로 호주인은 호주 억양으로 말해야 더 신뢰감을 준다고 한다. 심지어 호주에서 태어난 한국인이 호주 억양으로 말해도 신뢰감이 떨어졌다고. '빠다영어' 너무 부러워하지 말라.

342 성공은 문제를 은폐한다

'성공은 문제를 은폐한다'는 글을 읽었다. 성공할 때 자기만족에 빠지기 쉽다. 또한 운이 좋아서 성공할 수도 있는데 나의 방식이 통한 것으로 착각해 그 방식에 매몰되는 경우도 종종 있다.

작전 주 투자나 도박에서 가장 위험한 것은 '최초의 성공'이라 한다. 최초 성공을 거두면 자신의 실력이 높은 것으로 착각해 베팅을 계속 높인다. 결국은 어느 순간 패가망신. 사기꾼들은 초심자에게 접근해 '최초의 성공'을 유도한다.

343 스토리와 전설

스토리와 전설을 만들어라!

344 번복하는 용기

샘 월튼Samuel Moore Walton은 틀리는 것을 두려워하지 말고 마음을 바꾸는 것에 대해서도 결코 걱정하지 말라고 했다. 윤종용 부회장도 조령모개 경영을 했다. 자신이 틀린 것을 알면서도 내뱉은 말이나 자존심 때문에 밀고 나가는 것은 어리석은 일.

345 자기만족

픽사가 버드Brad Bird라는 감독을 영입할 때 버드는 전작 영화에서 초라한 실적을 보였다. 픽사는 세 편의 큰 히트작을 냈다. 그러나 잡스는 버드에게 '우리가 우려하는 것이 있다면 자기만족에 빠지는 것이다. 그러니 자네가 분위기를 흔들어 달라' 했다고.

346 아이디어

좋은 아이디어는 '민주주의'와 '합의'에 의해 나타나는 경우는 거의 없다. 뭔가 미친 듯이 정신을 쏟는 독특한 사람에게서 나오는 경우가 많다. 특이하고 엉뚱한 사람, 인간관계가 원만하지 않은 사람의 아이디어를 눈여겨보라. 파격적인 것을 생각하는 경우가 많다. 현실적으로 실행 곤란한 아이디어에도 기회를 주라. 실행 전 회의를 하면 여러 사람이 합세해 파격적인 생각을 무난하고 평범하게 바꾼다. _다카하라 게이치로 Keiichiro Takahara

347 작은 시도와 실험

'실수와 실패를 장려하는 문화를 만들라'는 조언을 듣지만, 한두 가지 실패로 큰 곤경에 빠지고 문책당할

수 있는 전문경영인 CEO들 관점에서는 현실적으로 받아들이기 쉽지 않음. 대안은? 작은 시도와 실험을 지속하는 것!

처음부터 엄청난 실험을 계획하지 말라. 작은 실험부터 하라. 실패할 수 있다. 여기서 중요한 것은 속도다. 직원들이 빨리 실패할 수 있게 하라. 진짜 두려울 때는 한 프로젝트에 10년을 매달린 뒤 시장에 내놓는 경우다. _구글 랩스 팀. 위클리비즈 중

348 변화와 아이디어

런던 대학교 연구결과, 최장수 기업들의 특징은 '다가올 위험에 대한 보수적인 태도, 안정적 재무 운영, 변화에 민감, 새로운 아이디어를 환영, 직원들의 기업에 대한 아이덴티티가 강함'이라고 한다. 위험과 재무에는 보수적이면서도 변화와 아이디어에는 적극적!

349 파워포인트

업무 비효율의 대표적인 것 중 하나는 파워포인트. 글로 정리해서 보고하면 한 시간이면 할 수 있는 것도 이놈을 쓰면 최소 하루 종일 때로 며칠이 걸린다. 윗사람들은 모두 빨간펜 선생님. 맨 윗사람에게 몇십 분 보고 마치면 쓰레기통으로 직행. 재밌는 것은 보고 후 실행 결과는 크게 신경 쓰지 않는다.

350 조직보존의 법칙

조직이 거대해지면 자연히 계층이 생기고 관료주의적으로 변하기

쉽다. 조직이 커지면 조직보존의 법칙이라는 것이 작동해 업무를 완수하기 위해 조직이 존재하는 것이 아니라 마치 조직을 위해 업무가 존재하는 것처럼 변해 버린다. _야나이 다다시 柳井正

351 효과와 효율

스트레스가 과도한 조직은 효율을 강조하느라
효과를 잊어버린다. '효율'과 '효과' 중 하나를 선택해야 한다면 효과를 선택해야 하는데 결과적으로 기업들은 효율을 선택한다. 예를 들면 영업사원이 할당량 목표를 팔기 위해 고객만족의 본질적 동기를 잃는 것이다. _톰 드마르코 Tom Demarco

352 고객을 향하는 현장

많은 회사에서 직원들은 윗사람에게 보고할 목적으로 업무를 진행하고, 윗사람은 보고를 듣고 승인하는 식의 탁상공론에 지나지 않는 일을 하고 있다. 고객을 향하는 현장에서 진행되어야 할 업무와 거리가 멀다. _다다시 柳井正 유니클로회장

353 평가에서 C등급을 받았을 때

연말실적 평가에서 C등급을 받았을 때 어떻게 할까? 1. 남 탓이나 변명을 하지 마라. 2. 상사에게 구체적으로 잘못이 무엇인지 어떻게 하면 나아질지 도와 달라고 부탁한다. 3. 현 부서에서 노력해도 실력이 늘지 않으면 이동을 고려하라.

354 회사와의 관계

오늘 만난 분 왈 '한창일 때는 회사와 나를 동일시 했고, 어느 땐 회사가 나를 이용한다고 실망했다. 그러나 이젠 회사와 나는 파트너관계라 생각한다. 회사는 돈과 브랜드를, 나는 나를 투자하고 내가 성과를 내면 회사는 수익을, 나는 더 도약할 경험과 경력을 얻는다.'

355 오른팔

한 커리어 컨설턴트 왈 '높은 사람이 당신을 오른팔로 여긴다고 말할 때 겸손하라. 함부로 권력을 쓸 때 동료들로부터 버림을 당하고 쉽게 추락한다. 또한 당신만이 오른팔이라 착각하지만 불행히도 권력자는 오른팔을 몇 개씩 가지고 있다'라고.

356 혁신을 이룬 기업

혁신을 이룬 기업들의 공통적 메시지. '벽 없는 조직을 만들어라! 아이디어는 직함에서 나오는 것이 아니다'라는 것. 벽 없는 조직을 만들기 위해서는 경영층들이 특권을 버려야.

357 5 Why

도요타의 경쟁력 중 하나가 '다섯 번 Why?'를 묻는 실행이라는 것을 들은 적이 있다. 이 실행은 하찮아 보이지만 습관화되면 정말로 엄청난 경쟁력을 가져온다. 문제를 만날 때마다 'Why'를 몇 번만 물어도 근본적 해결의 기회를 포착할 수 있다.

358 성장할 기회

페덱스 이직률이 세계 최저 수준인 이유는 그곳이 '일하기 편한 직장'이기 때문이 아니라 '일하기 신나는 직장'이기 때문이다. 일터에서 늘 새로운 일이 벌어지고 성장할 기회가 생긴다. 그런 기회가 있다면 그만둘 이유가 없다. _페덱스 CEO 더커 Ducker

359 당당하게 말하라

크게 생각할 줄 아는 사람은 자신의 생각을 솔직하게 말로 표현하는 반면에, 두려움이 많은 사람은 자신의 입을 닫아 버린다. 자신의 생각이 정리되면 두려워하지 말고 당당하게 말하라. 다른 사람들은 당신이 생각하는 것만큼 똑똑하지 않다. _도널드 트럼프 Donald Trump

360 사업을 접는 기준

위기에서 회사를 구한 한 CEO는 어떤 사업을 '포기할 것인가, 계속 밀고 나갈 것인가'의 기준으로 세 가지 조건을 제시. 1. 시장이 있는가? 2. 우리의 차별화 요소가 있는가? 3. 이 사업을 이끄는 사람들이 열정이 있는가? 셋 중 하나만 부족해도 그 사업을 접으라 했다.

361 기업철학

한 작가가 '절약'의 가치로 유명한 사우스웨스트 항공사 창업자 허브 켈러허Herbert Kelleher와 인터뷰 중 스타벅스 커피를 마시자는 이야기를 했다고. 이때 허브가 화를 내며 그렇게 비싼 커피를 마실 수 있냐고 응답. 기업 철학과 일치하는 경영자.

362 기업은 사장과 함께 망한다

유니클로 대표 야나이 다다시^{Yanai Tadashi}가 가장 좋아한다는 문구. '기업은 고객을 위해 있고, 직원과 함께 성장하며, 사장과 함께 망한다.'

363 윈윈하기

받는 돈만큼 일하겠다는 생각은 참으로 어리석다. 이는 자신의 능력과 발전을 제한한다는 의미다. 이왕 하는 일 의미를 부여하고 즐겁게 최선을 다한다면 일을 시키는 사람이나 일을 하는 사람 모두 '윈윈'할 것이다.

364 새로운 강자

'시장은 항상 새로운 강자를 원한다'는 말 기억해야 할 필요. 선발주자라고 자만해서 안 되며 후발주자라고 실망할 이유가 없다.

365 기업 스스로도 모르는 숨은 역량

브리태니커 사. 종이 백과사전 만드는 회사라는 관념을 벗어 버리고 품질에 대한 높은 브랜드를 기반으로 콘텐츠를 제공하는 회사라고 재정의. 이후 초중고교 디지털교재를 만들어서 회생. '우리가 진정 무엇을 하는 회사인가?'라는 정의가 이렇게 중요하다.

기업도 자신의 숨은 역량이 무엇인지 모를 때가 많다. 지금 하는 일밖에 역량이 없기에 지금 하는 일 아니면 먹고살지 못한다는 생각을 하는 경우가 많다. 개인도 동일하지 않은가 싶다. 자신의 숨은 역량이 무엇인지 안다면 지금보다 더 큰 일을 할 수도 있다.

366 모든 사람이 스승

버믈렌Freek Vermeulen 교수에 의하면 성공한 기업들이 상식과 달리 전략이 뛰어나서 성공하기보다는 운이 좋았거나 생각지 못한 계기에 변화를 추구해 성공한 경우가 많았다고 한다. 이에 그는 권고한다. '모든 사람에게 귀를 기울이라. 그들의 말속에서 기회를 잡을 수도 있다.'

책상에 앉아서 고민하다가 아이디어가 떠오를 수도 있지만 자신의 업무와 무관한 사람들과 이야기하거나 어떤 책을 읽다가 아이디어가 떠오른 경험을 누구나 해 보았을 것이다. 그러므로 만나는 사람들이 다 스승이 될 수 있으니 무시해서는 안 될 것.

367 성실과 열심이 성공비결이 아닐까?

한 대표님이 이런 말씀을 하신다. "요즘 세대에서는 성실이나 열심이 더 이상 성공비결이 아닌 듯합니다. 그런 친구들을 보기 어려워요." 나는 이런 말을 했다. "저는 오히려 반대로 생각합니다." 그랬더니 "무슨 말씀이신지요?"라 물으신다.

"오히려 예전 세대에서는 성실이나 열심이 성공비결이 아니었죠. 왜냐하면 예전 세대는 대부분 열심이었고 성실했기 때문입니다. 우리 나이 또래에 성실과 열심이 없는 사람들은 많지 않았습니다. 기업에서도 대개 입사하면 임원까지 되고자 하는 직원들이 대부분이었죠. 이에 성실이나 열심이 차별화 요소가 아니었습니다. 그런데 말입니다. 지금은 많은 젊은 친구들은 성실이나 열심을 중요시 여기지 않죠. 직원들도 한 회사에서 커리어를 쌓으려 하는 비율도 점점 낮아지고요. 저는 개인의 삶을 중시한다는 면에서 좋은 변화라 봅니다. 그런데 이러니 오히려 성공하기 쉬워졌어요. 조금만 성실하고 열심이면 눈에 띄거든요. 저는 제 자녀에게도 이런 논리를 이야기했더니 이해하더군요" 그랬더니 그 대표님이 무릎을 친다. "맞습니다. 요즘은 조금만 성실하고 열심이어도 눈에 띄고 잘해 주고 싶더군요." 당신이 능력이나 경험이 아직 그리 뛰어나지 않다면? 성실과 열심으로 무장하라. 구시대의 가치라고 폄하하지 말라. 그것이 당신을 차별화시켜 줄 것이다. 성실과 열심이 이 세대에 환영받지 못하기에 오히려 상대적으로 그 태도가 더욱 빛나게 된다는 것을 기억하시라.

상대가 말할 때 열심히 들어주라.
상대가 노래 부를 때 열심히 손뼉쳐라.
별 재주 없어도 사랑받게 될 것이다.

5 리딩

368 최고의 상사, 최악의 직원

상사는 최고의 직원도 최악으로 만들 수 있다는 글을 읽었다. 어떤 계기로 1. 능력을 의심하고 이에 그 직원을 통제하게 되면 2. 직원의 자존심과 의욕은 감퇴 3. 이에 상사는 더 의심하고 감독을 강화하며 4. 직원은 더 수동적이 되고 반발 5. 무능력자로 전락.

369 기업가에게 필요한 세 가지

기업가에게 가장 필요한 세 가지가 활력, 이상, 인간적 매력이라는 가즈오Kazuo Inamori 회장의 인터뷰를 읽었다. 기업가뿐 아니라 보통 사람에게도 삶을 행복하게 하는 데 있어 가장 필요한 세 가지가 아닌가 싶다. 특히 활력, 즉 생생함이나 살아 있음은 행복을 위해 가장 필요.

370 리더와 잘 맞는 구성원은?

한 벤처 CEO가 이런 질문을 했다. "어떤 구성원이 저와 잘 맞고 오래 같이 갈 수 있는 사람일까요?" 나는 이렇게 말했다. "당신이 개인 에너지를 많이 쓰지 않는 사람이겠죠."

잘 맞는 인재는 리더의 에너지를 별로 쓰게 하지 않는다. 선제적으로 움직인다. 어떤 지시를 하면 리더의 마감일보다 조금 빠르게 결과를 제공하고, 리더가 마음이 급한 사람이라면 적절하게 중간 진행을 커뮤니케이션한다. 자신의 일을 깔끔히 처리하고 맡긴 조직을 잘 일구어 가서 리더가 신경 쓸 일이 별로 없게 한다. 가벼운 코칭으로도 실행을 빠르게 해낸다. 반면, 잘 맞지 않는 구성원은 리더의 에너지를 많이 쓰게 한다. 리더와 가치나 기질이 사사건건 맞지 않아도 리더의 에너지를 많이 빼앗게 된다.

371 그 기업은 어디에 속하는가

1. 사회의 큰 문제를 해결하면서도 돈을 벎.
2. 사회의 큰 문제를 해결하지만 돈은 못 벎.
3. 사회의 문제를 약간 해결하지만 돈을 벎.
4. 사회의 문제를 약간 해결하지만 돈을 못 벎.
5. 사회의 문제를 만들지만 돈을 벎.
6. 사회의 문제를 만들면서도 돈을 못 벎.

372 리더의 사이클

사업에도 라이프 사이클이 있듯이 리더들도 라이프 사이클이 있는 듯하다. 1. 자기가 없으면 조직이 안 돌아가는 단계 2. 자기가 없어도 조직이 잘 돌아가는 단계 3. 자기가 없어야 조직이 잘 돌아가는 단계. 3번 단계에 있으면서 여전히 1번 단계에 있다고 착각하기도.

373 리더의 기본 마인드

리더가 가져야 할 가장 중요한 생각은 '사람들은 똑똑하고 방법을 찾아낼 것이며 조금만 도와주면 해낼 수 있다'는 것이라 한다.

374 후배와 상사를 대할 때

직원을 대할 때는 자기가 가장 좋았던 상사를 기억하며 그가 했던 대로 대하고, 상사를 대할 때는 자기가 가장 좋았던 직원이 자기에게 했듯이 하라는 글을 읽었다. 그런데 현실은 내가 싫어했던 상사처럼 직원을 대하고, 내가 싫어했던 직원 모습처럼 상사를 대한다.

375 튀는 사람

기업에선 튀는 사람이 필요하다. 그러나 제대로 탤런트를 갖춘 사람이 튀어야 기업과 사람에게 득이 되는데, 그렇지 못한 사람이 튀면 회사의 큰 리스크다. 그걸 판별하는 게 리더와 회사의 역할이다.

376 주는 능력

사업을 하면서 억만장자를 만날 기회가 많았는데 그들에겐 공통점이 있었다. 그것은 주는 능력이 탁월하다는 것이었다. 수많은 기업의 기업회생에 참여했다. 망하기 직전의 회사는 주지 못하는 것이 특징이다. 주주에게 이익을 주지 못하고, 직원에게는 자부심과 성장기회를 주지 못하며, 고객에게 탁월함을 주지 못했다. _데이비드 김 David Kim

377 상사가 회사다

'상사가 회사다'라는 말이 있다. 직원들이 '회사가 어떠하다'라고 말하는 많은 부분은 '상사가 어떠하다'는 이야기를 돌려 말하는 것이라고.

인사전문가가 피플 리스크에 대해 말한다. 직원들의 불만, 불안, 불신 세 가지를 잘 관리해야 한다고.

표현하라. 누군가 알아서 내 마음을 이해해 주고 나에게 잘해 주리라 기대하는 것은 위험하다. 상대가 맘에 없을 수도 있지만 몰라서 못 하는 경우도 많다. 그것을 표현하면 가부가 결정날 수 있는데 마음에만 품고 있으면 혼자 기대하고 혼자 실망하게 된다.

상사는 직원에게, 직원은 상사에게 다들 마음속에 기대가 있다. 알아서 챙겨 주길 바라는 기대가 있고 그것이 무너지면 실망이다. 가끔은 명확히 표현할 필요가 있다. 그러면 의외의 소득을 얻거나 또는 어설픈 기대를 접고 맘 편히 잊을 수 있다.

378 컨설턴트와 경영자

'경영자가 되고 싶으니 우선 컨설턴트부터 해 보겠다'는 것은 '타이거 우즈가 되고 싶으니 우선 레슨 프로부터 해 보겠다'는 것과 마찬가지다. 컨설턴트와 경영자의 가장 큰 차이는 담력이 아닐까. 올바른 결정을 내리는 것도 중요하지만, 선택한 결정을 올바른 것으로 만드는 것이 더 중요하다. 두 번째는 현금 감각 차이다. 돈을 쓰는 것의 두려움을 모르다가 창업하는 것은 매우 핸디캡. _맥킨지 출신 창업가 난바 도모코 南場智子

379 경영자의 질문

경영자가 해야 할 중요한 일 중 하나는 '좋은 질문을 하는 것'이라는 글을 본 적이 있다. 경영자는 질문하는 사람이지 답을 주는 사람이 아니다. 그런데 자꾸 전능한 신처럼 답을 주려한 적이 많다. 믿고 큰 질문을 하니 직원들이 창의적이고 큰 답을 낸다.

직원들이 제대로 생각할 좋은 질문을 하고 그것을 말할 수 있는 장을 만들어 주는 것이 중요함을 깨닫는다. 지시만 하면 직원들은 스스로의 생각을 멈추고 눈치만 보고 상사의 한계에 자신을 한계 짓는다.

380 회식 자리의 사장님

한 대기업 임원 왈 '우리 사장님은 회식 때 시작부터 끝까지 혼자서 말씀하셔. 수업시간이야.' 그러자 옆에 있던 또 한 임원 왈 '행복한 줄 알아. 우리 사장님은 말이 없으셔서 얼마나 스트레스인데. 참석한 임원들이 계속 화제를 만들어 즐겁게 해 드려야 해.'

381 왕관은 차에 두고 오라

'승자의 뇌'라는 책을 쓴 뇌신경심리학자 이안 로버트슨Ian Robertson은 이렇게 말한다.

"성공하면 사람이 변한다고들 하는데 맞는 말이다. 권력을 잡게 되면 호르몬을 분출시키고, 그것이 도파민이라는 신경전달물질 분출을 촉진해 보상 네트워크를 움직인다. 그래서 사람을 더 과감하고, 모든 일에 긍정적이며, 심한 스트레스를 견디게 한다. 또한, 권력은 코카인과 같은 작용을 한다. 중독이 된다는 얘기다. 다른 사람에게 공감하지 않고 오만하게 만든다. 권력은 시야를 좁게 만든다. 권력은 다른 사람의 시각에서 나를 바라보기 어렵게 만든다. 권력자의 자아는 개와 같다."

진짜 훌륭한 리더는 높은 권력을 가졌음에도 자신의 오만한 뇌를 다스려 권력이 있되 권위적이지 않고 공감력이 있으며 겸허한 리더십을 발휘하는 분.

미국에 가서 계속 승승장구하여 드디어 펩시코 CEO가 된 인드라 누이는 고향인 인도에 갔다. 집에서 잠시 머무르는데 어머니가 그녀에게 "인드라야. 동네 가게에 가서 우유 좀 사오거라"라고 심부름을 시킨다. 이에 그녀는 짜증을 낸다. "엄마. 내가 글로벌 회사의 CEO예요. 연봉이 2000만 달러가 넘는다고요." 이때 그녀의 어머니는 이렇게 말했다고 한다. "왕관은 차고에나 놓고 오렴." 그 말을 들으며 그녀는 자신이 권력의 오만에 빠져 있음을 깨달았다고 한다.

382 사장처럼 생각하는 사람

어떤 글로벌회사의 승진 슬로건은 '이미 그 일을 하는 사람을 승진시킨다'는 것. 사장이 되어야 사장 일을 하는 것이 아니라 사장처럼 생각하고 일하는 사람이 사장이 된다는 것.

'호기심 있고 욕심 있는 이들에게 기회를 준다'는 말을 들었다. 공감. 기회를 도전으로 받아들이는 사람들도 있고, 부담으로 받아들이는 사람들도 있다.

383 세상에 작은 흔적

어떤 리더십 강의에서 개인의 비전수립에 대한 간단한 방법을 제시한다. 그것은 당신이 이 세상을 떠난 후 어떤 사람으로 기억되고 싶은지 딱 한 줄로 써 보라는 것. 그래도 무언가 세상에 도움이 되는 작은 흔적이라도 남기고 간 사람으로 기억되어야!

384 충분한 토론

CEO부터 신입까지 맞짱 토론한다는 이스라엘 문화에 대한 기사를 읽었다. 사실 우리나라도 CEO들과 이야기해 보면 거의 모든 분은 직원들의 의견을 충분히 듣고 토론도 많이 한다고 한다. 그런데 직원들은 대부분 아니라고 한다. 이 갭을 어떻게 줄일까?

385 팀장은 도대체 무슨 일을 해야 하는가?

내게 "팀장이나 본부장은 도대체 무슨 일을 해야 하나요?"라고 묻는 벤처 CEO들이 의외로 많다. 이때 나는 심플하게 세 가지라고 말해 준다. 1. 목표관리 2. 사람관리 3. 일 관리. 팀장은 세 가지를 균형 있게 하는 사람이다. 한 마디로 말하면, 회사 전체의 목표와 조정하여 팀 목표를 설정하고 CEO와 합의하며, 구성원들(자신도 포함)에게 역할과 책임을 적절히 분배하고 환경을 조성하며 코칭하여, 일을 효과적이고 효율적으로 진행함으로써 목표를 달성하는 것이다. 이런 팀장을 양성하려면? CEO가 먼저 회사 전체의 목표관리, 사람관리,

일관리를 잘할 줄 알아야 한다. 외부에서 훈련되어 온 경우가 아니라면, 팀장은 대개 자신의 상사로부터 그대로 배우게 되기 때문이다.

386 회사를 떠날 때

어느 조사를 보니 거의 모든 직장인들이 이직을 고려한다고 한다. 당연히 회사는 떠날 수 있다. 단지 떠날 때에 직원은 그동안에 대해 감사하고, 상사는 졸업시키는 느낌으로 보낼 수 있다면.

부모와 자식 간에도 서로 마음을 헤아리기 어려운데 고용자와 직원 간의 관계는 오죽할까. 그래도 역지사지하려 하고 항상 감사하려 한다면 어딜 가나 그 인품은 환영받을 것.

팀장들이나 본부장들에게 물어보면 퇴직 직원은 두 부류. 한 부류는 그래도 미안해하고 일 마무리하고 갈 때 이분 저분께 인사도 하는 직원들. 또 한 부류는 프로젝트 중간인데도 며칠 후 나가겠다며 인사도 없이 사라지는 직원들. 전자는 계속 연락하고 서로 돕는다.

387 상사를 대할 때

상사가 아무리 맞지 않는 것 같은 이야기를 해도 공개석상에서는 도전하지 않는 것이 좋다. 정말 토론이 자유로운 문화가 아닌 이상 무덤 파는 비결 중 하나.

상사의 미움을 살 수 있는 자리 중 하나는 상사의 상사 앞에서 상사와 같이 보고하는 경우다. 조금 똑똑한 직원들은 상사의 상사에게 자신을 각인시키고자 말을 많이 하고 같은 자리 앉아 있는 상사와 경쟁하며 상사를 찐빵 만드는 경우들이 많다. 자살 행위임을 모른다.

얼마 전 어떤 기업을 방문. 본부장과 팀장을 만났는데 팀장이 좋은 아이디어를 내기에 내가 아주 좋은 아이디어라고 칭찬하니 그 팀장은 옆에 있는 본부장이 팁을 주신 것이라 한다. 그러자 본부장 얼굴이 환해지고 서로 칭찬 분위기. 그 팀장 직장생활 잘한다.

굉장히 똑똑한데 상사가 왠지 자신에게 껄끄럽게 대한다고 불평하는 직장인들을 보면 대부분 상사의 맘을 상하게 하고 뭔가 걸리게 한 적이 있음에 틀림없다. 자신의 맘 상한 것을 피드백 주는 상사는 매우 적다. 이에 영문도 모른 채 경력을 망치는 경우도 많다.

직원은 '상사를 빛나게 한다'는 마음을 가지고, 상사는 '직원을 도구가 아닌 인간으로 존중한다'는 마음으로 행동한다면 상하가 조금 더 잘 통할 것. 그러나 현실은 자기만 아는 잘난 직원들과 직원을 성공 도구로 보는 상사들로 상하 소통이 어려운 것이 사실.

388 로열티는 어떻게 생길까?

한 책에 이런 문구가 있다. "충성(로열티)은 '관계의 질'과 관련 있다." 그렇다. 충성이라는 게 돈만 많이 준다고 생기는 게 아니다. '신뢰 있는 관계'가 필요하다. 그러면 어떻게 관계의 질을 높일까? 자주 만나는 것이 기본이다. 그 외 관심, 약속을 지키는 것, 믿어 주는 것, 어려울 때 돕는 것, 동료들과 동고동락하며 쌓아진 끈끈함 등이다. 사람의 충성을 잃는 방법은 단순하다. 의심함, 인색함, 상대를 도구로 이용함, 토사구팽 하려 함, 특정 가신들의 이야기만 귀 기울이고 우대함, 어려울 때 보호하지 않고 책임을 전가함 등이다.

389 다양성 곱하기 역량

어떤 CEO가 한 포럼에서 집단지성은 '다양성 곱하기 역량'이라는 말을 들으셨다고. 비슷한 배경들의 사람들만 모여서는 집단지성이 힘을 발휘 못 한다고.

390 상자 밖에 있는 사람들

'상자 밖에 있는 사람들'이라는 책을 읽음. 초점은 직장이나 가정에서나 상대를 인간으로 대하라는 것. 상자 밖에 있다는 의미는 상대를 수단이 아닌 인간으로 본다는 의미. 인간을 인간으로 보지 않고 살고 있다니!

상대를 대할 때, 부하나 동료, 상사를 볼 때 악마도 천사도 아닌, 수단도 도구도 아닌, 그저 나와 같은 인간으로 대하고 그가 성장하길 바라는 마음으로 대하는 것이 상자 밖으로 나오는 비결이요 리더십의 근본이라 한다.

391 권력이란

CEO든 장관이든 대통령이든 어떤 자리까지 오르는 것은 분명 운이 큰 요소인 것 같다. 그 위치에 오르면 세상을 다 얻은 것 같지만 진짜 승부는 그 자리에서 일을 어떻게 해내는가에 있는 듯. 그 일을 제대로 감당하지 못하면 그 자리는 오히려 독이 되는 듯.

어떤 잡지에서 전직 청와대 수석의 인터뷰를 읽으니 흥미로운 말이 있다. '권력은 주변에 있을 때 가장 달콤하나 가지게 되면 가장 위험하다.'

막상 권력을 가진 이는 무거운 책무를 감당해야 하니 그 주위에 서성거리는 이들이 달콤함을 따 간다는 것이 아이러니.

392 긍정적 표정 짓기

조금 어려운 주제의 보고서를 빠른 시간 내에 작성하라는 오더를 주면 얼굴이 굳어지고 스트레스를 받은 표정을 짓는 분들이 있다. 상사들은 금방 그런 표정을 캐치한다. 피곤하더라도 이왕 할 일 가능한 한 긍정적으로 생각하고 긍정적 표정을 짓는 것이 낫다.

393 능력과 가치

'능력이 중요한가? 가치가 중요한가?'는 공직뿐 아니라 기업에서도 고민하는 부분이다. 정말 뛰어난 인력인데 가치가 맞지 않을 경우 고민이 된다. 그러나 이윤이 생명인 기업에서조차 가치를 더 우선시한다. 고위직으로 올라갈수록. 하물며 공직이야.

'범죄를 저지른 해커를 기업의 보안직원으로 고용할 수 있는가?'에 대해 기술자나 전문가들은 긍정적으로 생각하는 반면 기업의 경영자들은 단호하다. 당연하다. 그의 가치와 윤리를 믿을 수 없기 때문이다.

394 리더의 핵심 자질

기업 가치 창출의 50퍼센트는 기업 철학에서 나오고 투자성과의 30퍼센트는 리더십 품질에서 나온다. _얼리치 Dave Ulrich 미시간대 교수

얼리치 교수는 리더의 핵심 자질로 미래를 디자인하는 '전략가', 변화를 선도하며 추진하는 '실행가', 구성원을 몰입하게 하는 '인재 관리자', 차세대 인재를 키우는 '인적자본 개발가', 자기 계발을 하는 '역량 향상자' 등 다섯 개를 꼽았다. 리더하기 어렵다!

395 흥분시키는 비전

우리는 '비전'이라면 케네디를 떠올린다. 인류를 달에 보내고자 하는 원대한 꿈. 그러나 히틀러나 사이비광신도를 이끄는 교주들의 비전도 원대하고 흥분시켰다는 것을 기억해야. 1. 이것이 특정집단의 이익만 대변하는지 2. 립 서비스나 군중 세뇌용은 아닌지 고려해야.

여러 경영서적을 봐도 '구성원들을 흥분시키는 비전'에 대해 강조한다. 그러나 이런 비전이 흥분만 시키는 데서 끝나는 경우도 많다. 이 경우 이후 엄청난 실망을 가져옴.

396 사랑받는 비결

내가 말할 때 내 말에 맞장구쳐 주길 바라고, 내가 노래 부를 때는 노래책 뒤지지 않고 박수쳐 주기 원하고, 내가 발표할 때는 내 말에 집중해 주기 원하지만, 막상 우리 자신은 다른 사람이 행동할 때 딴생각하고, 내가 부를 노래 찾고, 내가 할 말만 생각한다.

별 재주 없어도 잘생기지 못해도 사랑받는 비결이 있다. 상대가 말할 때 열심히 들어 주며 동감을 반복하고, 상대가 노래 부를 때 열심히 박수치고 탬버린 두들기고, 상대가 발표하면 모범학생처럼 집중하고 고개만 끄덕여도. 그런데 쉽지 않으니 이 또한 큰 재주.

397 파이를 키워라

협상전문가 로저 피셔Roger Fisher가 가장 강조한 원칙은 '파이를 키우라'는 것이었다고. '작은 떡 중에 상대의 것을 빼앗으려는 것이 아니라 어떻게 하면 떡을 키워 상대도 나도 배부를 수 있을까?'가 핵심이라고. 현실에서는 이 원칙을 잊어버리고 빼앗거나 뺏기지 않으려고만 한다.

꾸준히 좋은 실적을 내는 영업맨이나 사업가를 보면 '윈윈'이라는 사고가 있다. 고객이나 파트너가 원하고 자신도 원할 수 있는 길을 생각한다. 한때 벼락 실적을 내지만 지속하지 못하는 사람은 대부분 자신만 이기려 해 시간이 지나면 상대로 하여금 속았다는 느낌을 들게 한다.

398 소탐대실

가끔 애매한 결정을 할 때 가능한 한 상대에게 유리한 결정을 해 주는 것이 낫다. 회사 규정을 적용할 때 대부분 인사부서는 직원에게 박하게 하는 쪽을 선택한다. 이래야 향후 책임이나 감사 등에 안전할 수 있다. 그러나 회사 전체로 볼 때 '소탐대실'인 경우가 많다.

회사에서 100만 원 상당의 금 열쇠를 선물한다고 하자. 그런데 중량이 딱 떨어지게 하려면 95만 원 또는 105만 원이 나온다. 이때 어느 쪽을 선택하는가? 인사부서는 종종 95만 원을 선택하는 경우가 많다. 그러면 직원들은 기분 나빠하고 원망한다. 소탐대실이다.

399 철학과 원칙

짐 시네갈James Sinegal 코스트코CEO의 인터뷰를 읽어 보니 그는 47세의 늦은 나이에 창업했다. 이유를 물어보니 '도전하고 싶어서'였다고. 스티브잡스처럼 죽기 전날까지 자신의 일에 몸과 마음을 바치고 싶다고. 창업은 젊은 사람들만의 전유물은 아님.

훌륭한 창업자들은 공통적으로 분명한 철학이나 원칙이 있는 듯하다. 그것을 희생하면 더 수익을 얻을 수 있을지라도 그것을 지키려한다. 철학이나 원칙이 없어도 돈을 많이 벌고 큰 성공을 거둘 수는 있지만 존경받지는 못한다.

철학과 원칙이란 말은 쉬워도 지키기는 정말 어렵다. 이런 것을 유지하며 사는 분들은 참 존경스럽다. 철학과 원칙이 이익과 충돌할 때 후자를 포기하기란 쉽지 않다.

400 What do you think?

리더가 가장 많이 사용해야 할 문장은 'What do you think?'라고 한다. 지시하고 답을 주는 것은 빠르고 효율적임에 틀림없으나 직원을 강하게 만들 수 없고 직원들의 지혜를 얻을 수 없다는 것. 쉽지 않다. 듣기보다는 말하기가 편하니.

401 상을 내릴 때

상을 내릴 때는 인색해서는 안 된다는 글을 읽었다. 맞는 말이다. 쓸 때 제대로 안 쓰면 써 놓고도 욕을 먹는다.

402 열심히 해

'열심히 해'라는 말만으로 열심히 일하는 직원은 없다고 한다. 무엇을 위해 일하는지, 무엇을 하면 좋을지, 어디까지 하면 좋을지 모른다면, 정당한 평가를 받지 못한다. 억지로 떠맡는다. 피드백을 받지 않으면 열심히 할 수가 없다고.

403 윗사람의 심리 간파하기

출세가도를 달리는 사람들은 대체로 강하고 바른말을 거리낌 없이 하는 사람들이 아니라 윗사람의 심리를 잘 간파하는 사람들이다. 대체로 권력자들은 오만하니 고집하기보다 순종해야 그들을 안심시킬 수 있다. _수취안 馬樹全

404 적임자의 조건

어떤 위치에 누군가가 앉아 있을 때 적임자인지 아닌지를 구분하는 방법이 있다. 적임자는 '책임'을 맡았다고 여기는 반면 적임이 아닌 자는 '일'을 맡았다고 생각한다. 짐 콜린스 _James Collins

'한 탁월한 리더가 지속가능한 위대한 조직을 만들 수는 없다. 그러나 권력을 쥔 잘못된 리더 한 사람이 조직을 몰락으로 이끌 수 있다.' 라는 말에 동감. 권력을 잘못 휘두르는 리더보다 아무것도 안 하고 노는 리더가 조직에 더 도움이 될 수도.

405 훌륭한 리더

'훌륭한 리더는 뛰어난 직원들을 데리고 최고의 성과를 내는 사람이 아니라 보통 직원들과 최고의 성과를 내는 사람이다'는 말씀을 들었다. 가장 멍청한 상사는 '직원들은 많은데 쓸 만한 놈이 없다'고 말한다고. 쓸 만한 사람을 만드는 책임이 바로 그 상사다.

406 리더와 경영자의 차이

리더와 경영자는 다르다. 리더는 사람들에게 영혼을 불어넣는 사람으로서 감성적인 면이 두드러져야 한다. 하지만 경영자는 이성적이고 기복 없이 안정적이어야 한다. _하버드비즈리뷰, 아브라함 잘레즈닉 Abraham Zaleznik

407 조직의 힘

한 연구에 따르면 스타성을 자랑하는 인력들도 근무지를 바꾸면 실적이 하락했고 그 하락률이 간과할 수준이 아니었다. 개인의 능력으로 스타가 되는 것 같지만 조직 내 지적 자본, 동료들과의 관계나 기타 암묵적 요소가 큰 영향을 준다는 것.

동료들, 상사들, 회사문화는 만족하지만 엄청 크지도 않은 연봉차이 때문에 회사를 옮기는 직장인들을 가끔 본다. 자신의 성과가 자신의 능력만으로 이루어진 것으로 여기고 동료들과 문화의 가치를 과소평가하는 경우가 많다. 이 가치도 헤아려 계산해서 결정해야.

408 사내 DB는 도움이 될까

연구에 의하면 경쟁 제안을 하는 컨설팅 팀 조사 결과, 사내DB를 많이 활용하는 팀보다 스스로 고민하는 팀의 제안 성공률이 높았다고. 팀의 경험이 클수록 그런 경향이 더 크다고 함. 사내 지식DB는 신참들에게는 도움이 되지만 고참들에게는 큰 도움이 안 된다고.

409 대기업과 벤처의 인재 유형

예전에 K팝스타를 즐겨 보았는데, 박진영은 냉철한 분석에 익숙하고 지원자의 '탄탄한 기본기와 실력'을 중시했다. 반면 양현석은 느낌을 중시하고 '자신감과 개성과 발전 가능성'을 중시했다. 전자는 대기업 입사 기준인 느낌이 들고 후자는 벤처 입사 기준인 느낌이다.

비즈모델이 확립되어 있고 분업화가 명확한 대기업에서는 기본기가 탄탄하고 튀지 않는 직원들을 선호할 가능성이 높다. 반면 다양하고 변화무쌍한 일을 해내야 하고 아이디어가 필요한 벤처에서는 기본기가 부족해도 열정과 개성이 있고 성장 가능성이 높은 이들을 선호.

410 시대정신에 맞는 리더십

확실히 시대가 바뀐 듯하다. '시대정신'이라는 것이 있는 듯. 과거에는 강력한 리더십, 도전하는 리더십, 되게 하는 리더십이 칭송받았는데 지금은 소통하는 리더십, 나를 이해해 주고 이해시켜 주는 리더십, 나를 행복하게 해 주는 리더십이 선호되는 듯하다.

불행히도 50대 이상 대부분의 리더들은 소통하고 이해하고 행복을 주는 리더십에 익숙하지 않다. 무에서 유를 만들어 내 왔기에 투쟁하고 돌파하고 희생하며 해내는 리더십에 익숙하다. 이러한 리더십으로 기적을 이루어 냈지만 새로운 도전에 직면하고 있다.

411 몰아서 할 것. 나누어서 할 것

직원들에게 보너스도 주고 승진도 시키고 칭찬도 한다면 절대 하루에 몰아서 하지 말라. 오늘은 칭찬을, 일주일 뒤 승진을, 한 달 뒤 보너스를! 역으로 질책도 하고 보너스도 안 주고 승진도 탈락시킨다면 한꺼번에 몰아서 해라. 나누어 하면 그를 세 번 죽이게 된다.

412 호칭의 공정함

직원들은 '상사가 자신들을 어떻게 부르는가'에 대해서도 공정함의 여부를 판단한다고 한다. 어떤 직원에게는 김 과장이라 하고 어떤 직원에게는 이름을 부르는 것. 어떤 직원에게는 존대를 어떤 직원에게는 반말을 하는 것. 호칭에서도 공정함이 필요하다고!

413 일관성 공정성 진정성

직원들에게 신뢰를 얻는 비결에 대한 강의를 들었다. 그것은 '일관성', '공정성', '진정성'이었다.

414 직원들에 대한 투자

많은 회사는 고객들에게 우리 제품과 서비스를 믿어 달라고 선전하는 데 수백만 달러를 쓰고 있지만 정작 직원들의 자부심을 심어 주는 데는 한 푼도 투자하지 않고 있다. 이에 직원들은 자신이 무슨 중요한 일을 하고 있는지 모른다. _잭 스택 Jack Stack

반성!

415 상사가 못해야 즐겁다

나는 가끔 산하 임원들과 골프를 한다. 그런데 다들 골프장에 오면 매우 즐겁고 유쾌해져서 간다. 왜인가? 내 실력이 별로이다보니 만만하기 때문이다. 상사가 너무 이것저것 잘해도 피곤하다. 일도 잘하고 술도 잘 마시고 부자에다가 음식, 와인, 역사문화, 예술에도 조예가 있고 독서에 운동까지 잘해 보라. 게다가 자녀들이 공부까지 잘하면. 일에서 이미 주눅 들어 있는데 다른 영역까지 비교되고 가르침을 받아야 한다면 피곤할 뿐이다. 왕 짜증이다. 리더들이여! 허점이 있다는 것을 감추려 하지 말라. 잘 못하는 게 있다는 것을 부끄러워하지 말라. 그게 당신의 매력이 될 것이다.

416 상사의 허풍

직원들이 느끼는 직장 상사들의 가장 큰 허풍은 '1위 내가 다 해 봤어, 2위 나만 믿어'라고 함.

417 착각

지위, 명예, 권세가 높아질수록 거만해지기 쉽고 그럼에도 불구하고 여전히 주위 사람들이 자신을 존경하며 사랑한다고 착각한다. 주위의 아부꾼들은 그러한 착각을 배가시킨다. 고언을 할 수 있는 사람을 옆에 두지 않으면 누구든 나락에 빠질 위험이 있다.

418 시장 파괴적인 혁신

시장 파괴적인 혁신이 정말로 파괴적일 수 있었던 이유는 새로운 기술이 전통 고객이나 기존 업계 리더들의 관심을 끌지 못했기 때문이다. 이에 새로운 기술은 틈새시장을 발판으로 발전할 기회를 얻은 것.

419 사고를 막는 법

금융사고든 안전사고든 보안사고든 불행히도 사고는 반드시 일어난다. 근본적 해결은 오류를 제거하는 것이지만 이는 불가능. 결국 고위험 시스템의 단순화
및 디커플링, 내부자들이 진실을 말하게 하고 이를 무시하지 않는 환경조성, 실제적인 비상계획이 필요. _팀 하포드 Tim Harford의 어댑터 중

420 동기를 어떻게 부여하는가?

리더가 구성원들에게 동기를 부여할 수 없다. 동기는 구성원들 자신이 발견하는 것. 그럼에도 불구하고 리더는 1. 구성원 스스로 자신의 내면에 있는 깊은 목적이나 가치를 발견하여 스스로 동기를 찾도록 돕는다. 2. 구성원들이 성공의 작은 경험을 쌓아 동기가 강화될 수 있도록 환경을 만들어 준다.

421 사랑과 의지

따르는 이들에 대한 진정한 사랑! 이들을 진정으로 위하는 일을 온갖 어려움에도 불구하고 이루어 내려는 강력한 의지! 이 두 가지가 없다면 훌륭한 리더, 훌륭한 지도자가 될 수 없음을 실감하고 실감한다.

한글! 최고의 언어. 모든 사람이 글자를 쓰는 세상이 세종대왕의 이러한 리더십에서 시작되었다.

422 당장 멈추고 듣고 배우기

훌륭한 아이디어들은 공식적인 회의가 끝난 후 복도에서 이루어지는 대화들 속에서 나온다. 이는 사실대로 말했을 경우 상사가 보일 반응을 걱정하기 때문이다. 그러므로 리더는 스스로 방어하고 논쟁하기보다는 당장 멈추고, 듣고 배우라. _제리 허시버그 Jerry Hirschberg

423 사자부대와 토끼부대

토끼가 통솔하는 사자부대보다 사자가 통솔하는 토끼부대가 낫다.

_나폴레옹

조직원들을 훈련시키고 확신을 부여하며 협력을 이끌어 내는 힘이
중요!

424 공격성과 야만

공격성이나 야만성 같은 특성이 족장 자리를 차지하는 데 유리하
게 작용할지 몰라도 그 지위를 유지하는 데 별로 도움이 되지 않는
다. 공격성이 강한 족장은 자기 부족을 전쟁에 끌어들일 확률이 크기
때문이다. _CEO 라이더스-스릭스나보라비

425 성공한 사람과 훌륭한 사람

'성공한 사람'보다 '훌륭한 사람'이 되는 것이 훨씬 어렵다. 돈을 많
이 벌고 높은 지위를 얻어 성공했다고 존경받고 사랑받는 것은 아니
다. 철학과 가치, 원칙이 분명하지 않으면 훌륭한 사람이 되기 어렵다.

426 기업인의 사명

기업인은 세상에 좋은 변화를 가져올 수
있는 일을 해야 한다. 우리 기업 활동의 목표

는 제대로 대접받지 못하는 이를 제대로 대접하는 것이다. 사람들이
꿈을 이룰 수 있도록 도와주는 가장 좋은 방법은 좋은 교육 기회를
주는 것이다. _페르난데스 Tony Fernandes 회장

427 존경받는 리더십

경영자가 높은 보수와 특전을, 정치인이 힘과 권력을, 종교지도자가 부와 명예를 최대 관심사로 삼을 때 이들을 사회의 진정한 리더라고 볼 수 없다. 진정한 리더십은 지속적이고 구성원들의 자발적인 존경심을 동반한다. 존경받는 리더십은 상호 동의에 의해서만 실현 가능하다. 강요된 리더십은 결국 부인될 리더십이다. 리더십은 다른 사람에 대한 지배를 의미하는 것이 아니기에 그렇다. _존 헌츠먼 Jon Huntsman

428 깨진 후에

누구나 상사에게 신나게 깨지면 주눅 들고 두려워하고 그분을 피하기 쉽다. 내가 실수한 것에 대해 자존심 상해 하고 원인을 분석해서 이를 개선하며, 나의 진보를 보이고 그분 앞에 당당히 서야 한다. 겁먹고 숨어 다니는 직원을 좋아할 상사는 없다.

429 리더의 피드백

리더가 직원을 피드백하지 못하는 큰 이유는 미움받을 것을 두려워해서다. 이를 두려워해선 안 된다. 그의 성장을 위해 진심을 담아 피드백한다면 통할 것이다. 단 자신의 감정 상태에 따라 해서는 안 되며 제대로 피드백한 후 뒤끝이 없어야 한다. _와타나베 미키 わたなべ みき

430 직원들의 성장

직원들이 시간이 지나도 성장하지 않는다고 한탄
하는 리더들이 많다. 직원이 성장하지 않는 근본적
인 원인은 리더의 무관심에 있는 경우가 적지
않다. 꿈과 애정이 없는 리더 아래서 성장은 없다.

나는 상사가 '내가 너를 키워 줄게'라는 것은 착각이라고 생각한다.
사람은 스스로 도전하면서 성장한다. 내가 할 수 있는 일은 성장할
수 있는 환경과 기회를 제공할 뿐이다. 기회를 주려면 리더가 직원에
게 애정을 가져야 한다. _와타나메 미키

431 리더의 조건

리더에 적합한 인물인지 판단할 때 보는 것은 논리, 커뮤니케이션,
관리 능력이다. 그러나 이보다 더 필요한 것은 직면한 문제에 끝까지
견디며 싸울 수 있는 강한 정신력이다. 중압감을 이겨 내면서 흔들림
없는 판단을 하려면 강한 정신력이 필요하다. _와타나메 미키

432 리더의 자격

'궁지에 몰렸을 때 도망가는 사람은 리더의 자격이 없다. 리더가
도망가면 직원도 도망간다'는 글을 읽었다. 동감!

433 격려와 칭찬

미국에서 최초로 연봉 1백만 달러를 받은 사람은 미국강철회사 사
장이었던 찰스 슈왑Charles Schwab이라고 한다. 그는 이렇게 연봉을

받게 된 이유를 이렇게 말했다. '내게는 사람들로부터 열정을 불러일으키는 능력이 있는 것 같습니다. 그 방법은 격려와 칭찬입니다.'

434 위임과 방관
'위임'과 '방관'은 다르다. 모니터링하고 코칭과 가이드 해 주면서 점차 능력을 배양시키고 스스로 결정할 수 있는 영역을 넓혀 주어야 하는데 그냥 팽개쳐 두면서 자신은 간섭 안 하고 위임하는 멋진 상사라고 생각하는 경우도 많다.

435 코칭과 간섭 사이
'코칭'과 '간섭'은 다르다. 자신은 코칭한다고 하는데 사사건건 간섭하고 의사결정을 도맡아 하는 경우도 있다. 그러면 직원들은 자신이 책임지지 않으려 하고 생각을 멈춘 채 모든 결정을 위로 던진다.

436 좋은 사람 콤플렉스
좋은 사람이 좋은 리더가 아닌 경우도 많다. 때로 원칙을 지키고, 목표에 프로다워야 하고, 엉망인 일처리와 변명 그리고 비도덕에는 단호해야 하는데, 그저 다 껴안고 봐주는 좋은 사람들이 있다. 당장 인기는 얻겠지만 직원들을 약하게 한다.

437 리더의 권한은 어디까지인가
집단 사고는 팀 정신이 강하고, 응집력이 높으며, 외부 의견과의 접

촉이 제한적이고, 스트레스가 높은 상황이며, 독선적 리더십이 존재할 때 발생하기 쉽다고 한다. 사이비종교집단 등을 기억해 보면 쉽게 이해가 되나 실제 어느 곳에서나 일어나는 현상.

리더가 조직에서 막강한 권한을 가진다면 리더의 선호에 대한 동조압력이 클 수밖에 없다. 그 결과, 좋은 아이디어가 나올 수 없으므로 리더는 자신의 선호를 성급히 표명하지 말아야 한다. _루소 Denise Rousseau 교수

리더가 의견을 내고 다른 의견 있냐고 물으면 다들 용비어천가 모드.

438 선하되 약하다

어떤 경영자들은 '직원들을 선하다 믿고 통제하지 말고 자유를 주라'고 하고, 어떤 경영자들은 '사람은 신뢰할 수 없기에 시스템적으로 관리하라'고 한다. 히로유키荒木博行는 이에 대해 '인간은 선하되 약弱하다'는 관점으로 보라고 한다.

439 경영자의 두 가지 눈

경영자는 사람을 '꿰뚫어 보는 눈'과 '자비로운 눈', 이 두 가지를 동시에 가져야 한다. 그러나 공존이 쉽지 않다. 꿰뚫어 보는 눈은 의심하는 눈인 반면, 자비로운 눈은 항상 믿어 주는 눈이기 때문이다. 때로 엄격해야 하지만 뒷면에 자비가 있어야 한다. _아라키 히로유키 荒木博行

440 여유를 주라

조직에 기여할 수 있는 인물은 '생각하는 핵심인재'다.
그런데 뛰어난 인재들에게 업무가 너무 집중된다.
이들은 너무 바빠서 생각할 시간이 주어지지
않기에 결국 소모품으로 전락하는 경우가 많다.
이들에게 생각할 수 있는 여유를 주라. _히로유키

441 절약과 쪼잔함의 차이

어느 책에선가 항우項羽는 지략과 기개가 뛰어났지만 논공행상에
미흡했다고 한다. 평소에는 아껴 쓰고 절약해도 꼭 써야 할 때, 정말
훌륭한 성과를 거둔 이에게는 크게 써야 하는데 여기서 인색하고 쪼
잔하게 나가면 다른 사람들이 사기를 잃는 법이다.

442 무기력한 기업

무기력한 기업의 특징은 네 가지다. 1. 실패의 원인을 찾지 않아 개
선되지 않음 2. 패기 없는 직원이 많음 3. 무책임한 직원들이 의욕 있
는 직원들의 발목을 잡음 4. 부서가 고립되고 타 부서에 관심이 없으
며 정보가 공유되지 않음. _하세가와 Kazuhiro Hasegawa

443 가르치지 않는 코칭

'코칭'이란 내가 무언가를 가르쳐 주는 것이 아님을 배웠다. 코칭의
기본사상은 상대가 답을 가지고 있다는 것이다. 단지, 그가 그 안에
있는 답을 발견하지 못하고 있다는 것. 코치는 그 답을 스스로 끌어

내도록 지원해 주는 사람이라고. 어떻게? 질문함으로써!

코칭에서는 명령하고 지시하기보다는 질문해서 그가 스스로 답을 찾게 하라고 한다. 사실 '자발성'만큼 즐겁고 몰입하게 하는 것은 별로 없다. 그럼에도 불구하고 많은 리더들은 빠른 효과를 위해 명령하고 지시하게 되어 사람들을 수동적으로 만들 때가 많다.

가즈오Kazuo Inamori 회장의 인터뷰가 눈에 띈다. '쉽게 가는 경영'이 일본 기업 전체를 망쳤다. 정규직 직원은 자주성을, 비정규직이 된 직원은 회사에 대한 애정을 잃었다. 일에 대한 자주성과 애정을 잃게 되면 일이 재미없어지고 조직은 열정을 잃게 된다.

444 대접받기 원하는 대로 대접하라

유로 디즈니 사장 버크는 엉망이었던 회사를 살린 후 얻은 교훈이 '진심으로 고객과 소통하는 직원, 자신의 일에 열정을 가진 직원들이 있다면 바로 그들에게 일을 맡기라. 그들에게 알아서 하라고 하면 십중팔구 옳은 일을 한다'는 것이었다고.

사람들의 협력을 받으려면 세 가지 질문을 던져야 한다. 1. 나는 다른 사람들로부터 무엇을 받기 원하는가? 2. 그들은 어떤 이익을 받게 되는가? 3. 내게 해 주기를 바라는 것을 나도 해 줄 수 있는가? _노박 David Novak '먼저 주라! 대접받기 원하는 대로 대접하라!'는 진리.

445 리더들이 쓰는 말

리더들은 자기도 모르게 자주 쓰는 말이 있다고 한다. 자신은 모르는데 직원들에게 상처 주는 말. 어떤 임원은 직원들이 말만 하면 '그건 됐고'라는 말을 써서 상처를 주는데 자신은 깨닫지 못했다고. 나도 '결론이 뭔데?'라는 말을 잘 쓰는 것 같은데.

지식은 일방적 가르침으로 해결될 수 있지만 태도, 결심, 열정, 교정, 자발성 같은 것들은 가르침이나 훈계로 이루어지기 어려운 것 같다. 가르치려고만 하니 실패를 많이 한다. 이분들이야말로 스스로 끄집어내도록 돕는 코칭이 필요해 보인다.

446 참여자라는 느낌

회사가 작을수록 젊은 직원이라도 무시하지 말고 적극 회사 경영에 참여시켜야. 자신이 컴포넌트나 단순 지시받는 부하가 아니라 참여자라는 느낌을 줄 필요가 있다. 그것은 큰 회사에서는 주기 어려운 메리트. 그것이 없으면 기회만 되면 떠나게 된다.

447 사장의 칭찬

멀러리Alan Roger Mulally가 적자 상태인 포드의 CEO로 취임했을 때 관리자들에게 프로젝트들 현황을 보고해 달라고 했다. 그러자 모든 관리자들은 다들 정상적이라고 보고했으나 단 한 사람만 결함으로 출시를 연기해야 한다고 했다. 사장이 칭찬하자 그 다음 회의부터는 모두가 솔직해지기 시작했다고.

위대한 경영자는 부하 직원의 등 뒤에 숨지 않는다. 그는 다른 사람의 일을 관리만 하지 않는다. 승리에 대해 열정적이다. 과거 나는 열정이 실천하는 리더십의 가장 중요한 요소라고 짐작도 못 했다. 하버드 강의실에서 열정이란 단어를 들어 본 기억이 없다. _루 거스너 Louis V. Gerstner, Jr.

449 권위주의

'끝까지 가는 사람에겐 권위주의가 없다'라는 한 성악가의 인터뷰가 인상 깊다. 나이가 들어서도 끝까지 전문성을 유지할 수 있는 방법은 '권위주의'를 버리는 것이라고. 동감. '권위주의'를 버리지 못하면 배우기 어렵고 전문성을 유지하기 어려움.

450 지시에 대해

지시에는 세 가지 방식이 있는데, 첫째 '시키는 대로 해!'라고 명령하는 것. 둘째는 지시는 하는데 의도를 말해 주지 않아 상사 의도 파악에 에너지를 쏟도록 하는 것. 마지막은 왜 지시하는지 설명해 주는 것이다. 당연히 세 번째가 최상이나 대부분의 상사들은 이에 익숙하지 않다고 한다.

451 고집불통

GE의 잭 웰치Jack Welch가 직원시절 상사평가는 '이 사람은 실험정신과 치고 나가는 능력이 탁월하나 고집불통이고 선호가 분명하다. 이에 임원승진은 리스크가 크다'였다고 한다. 그러나 회사에선 그를 승진시켰고 대신 개인 리더십 코치를 퇴임할 때까지 붙였다고 한다.

452 권력동기

미국 대통령들을 대상으로 어떤 동기가 높은 이들이 성공하는지 조사. 성취동기가 높은 사람들닉슨은 대부분 실패했고, 사람을 끌어들이는 권력동기가 높은 사람들레이건은 대부분 성공했으며, 친화동기가 높은 사람들클린턴은 대부분 스캔들이 났다고 한다.

453 악질보스

오늘 한 분이 좀 지난 거긴 하지만 '악질직원'에 대한 서튼Robert Sutton 교수의 기사를 보내 주심. 악질직원이란 1. 동료의 업적을 빼앗고 2. 직원을 기운 빠지게 하며 3. 직원에게 초라한 느낌, 수치심, 모욕감을 주는 사람이라 하는데 악질의 70퍼센트가 '보스'라고 함.

454 추진할 가치가 있는 전략

리더의 역할은 동기부여에 국한되지 않는다. 병사들이 용기가 충만해도 중무장한 적의 진지를 향해 무모하게 달려들게 한다면 목숨만 잃을 뿐이다. 리더는 추진할 가치가 있는 전략을 수립하고, 효율적으로 노력을 기울일 수 있는 여건을 조성해야 한다. _리처드 루멜트 Richard P. Rumelt

455 목표달성보다 중요한 '신뢰'

'목표'란 조직원들에게 방향과 달성해야 할 것이 무엇인지 명확하게 해 주는 장점도 있지만, 그 자체에만 초점을 맞추고 관리하려 해 실제 그 목표를 통해 이루고자 하는 가치를 저버리게 하며, 결과를 조작하고자 하는 유혹도 가져오게 한다.

신뢰가 없을수록 조직, 사회, 국가가 치러야 할 비용이 높아진다는 글을 읽은 적이 있다. 신뢰가 부족할수록 감시와 통제비용이 증가. 가치창출자들보다 이를 통제하고 감시하는 이들이 많다면 그 조직이 영속되기 쉽지 않다. 공산, 독재국들의 패망이 반면교사.

456 핵심결정

전체 의사결정의 20퍼센트를 차지하는 '핵심 결정'이 기업실적의 80퍼센트를 좌우한다. 핵 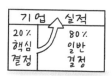 심 사안을 추리고 순위를 매겨야 한다. _베인 앤 컴퍼니 Bain & Company

파레토 법칙은 어디에나 통용됨에도 불구하고 임팩트 크기에 따른 차별적 대응이 잘 안 되고 있음.

457 감춰진 열정

열정이 아예 없는 사람은 없다. 감춰져 있을 뿐! 그 내부에 감추어진 열정을 어떻게 끌어낼 것인가? 이것이 리더의 중요한 임무 중 하나임에 틀림없다.

458 부하 직원의 피드백

내가 부하 직원에게 피드백을 요청할 때 그들의 첫 대답은 뻔합니다. '내가 매우 잘하고 있다'는 답이 돌아옵니다. 그러면 나는 다시 묻습니다. '내가 무엇을 바꾸었으면 좋겠느냐'고 말입니다. 돌아오는 답은 '생각나는 게 없다'는 것이죠. 나는 직원들에게 '우리는 시간이 많으니까 잠시 앉아서 생각해 보자'고 말합니다. 이때쯤이면 직원들 이마에 땀이 흐르기 시작합니다. 어색한 침묵이 흐른 뒤에 부하 직원들이 드디어 무엇인가를 말하기 시작합니다. 가끔은 충격적입니다. 듣기 싫은 비판이지만 그것이 진실이라는 것을 곧 알게 됩니다. _캐플런 Robert Kaplan 전)골드만삭스 부회장

459 쓰일 곳

리더가 사람들의 강점과 취약점을 파악하는 것은 참으로 중요. 장비가 쓰일 곳이 있고 제갈 공명이 쓰일 곳이 있다. 이 둘을 뽑아 놓고도 공명을 싸움터에 보내고 장비를 참모로 삼는다면 리더도 망하고 공명과 장비도 망할 것. 불행히도 현장에서는 이런 경우를 많이 본다.

460 자기 확신

리더들이 가장 많이 저지르는 실수는 '지나친 자기 확신'과 '자기중심적 태도'다. '내가 하면 반드시 성공한다'는 태도는 상당히 위험하다. 리더는 웃음은 헤프게 하고 말은 줄일 줄 알아야 한다. _리더십 컨설턴트 골드스미스 Marshall Goldsmith

461 격려

성공적인 조직변화를 위해 관리자로서 할 수 있는 최선의 방법은 '격려'다. 빈정거림과 비꼼, 비난, 조롱, 굴욕, 분노, 험담, 눈치 보기는 조직의 변화를 막는 진정한 적이다. 이러한 문화 속에서는 그 누구도 새로운 시도를 하지 않는다. _톰 드마르코 Tom DeMarco

462 독선을 제어하기

미국의 한 국방장관은 군 시절 부관에게 '너의 임무는 나의 의견에 반대하고 비평하는 것이다'라고 말하며 실행하게 했다고 한다. 이를 통해 자신이 독선에 빠질 위험을 제어하며 훈련했다고. 위로 올라갈수록 아첨만 들리고 내가 전지전능하다고 여길 위험.

463 협상과 신뢰

당신이 회사에 아무리 중요한 사람이라도 자신의 어떤 요구를 들어주지 않으면 나갈 수도 있음을 암시하며 상사와 협상하려 하지 말라. 상사가 요구를 다 들어준다고 해도 그 순간부터 상사는 당신에 대한 위험을 깨닫고 당신을 전적으로 신뢰하지 않게 된다.

464 직장에서의 행복

제임스 구제스James Kouzes 조사에 의하면 직장인들이 직장에서 느끼는 가장 큰 행복은 1. 나를 존중해 줄 때 2. 흥미롭고 도전적 비전이 있을 때 3. 업무성과에 대해 칭찬받을 때 4. 자기계발교육 5. 경청

해 주는 상사 등이었다. 승진, 복지, 연봉상승은 잠시 좋지만 핵심 행복은 아니라고 함.

465 적합한 역할

동일한 사람인데 어떤 회사에서는 기도 못 폈는데 다른 회사에서는 물고기가 물을 만난 듯 기량을 발휘하는 경우가 있다. 이는 십중팔구 자신에게 적합한 역할을 맡은 경우다. 훌륭한 리더는 누가 어디에 있어야 제 기량을 발휘할 수 있는지를 꿰뚫고 있다.

466 처세의 비결

예전 내 상사가 주관한 회식자리에서 내 부하직원이 나를 엄청 칭송하는 발언을 했다. 당연히 상사는 겉으로는 '좋았어!'라고 하셨지만 기분 나쁜 표정이 스쳤다. 처세의 비결, 상사를 죽이고 싶으면 상사의 상사가 주관하는 모임에서 상사를 칭송하라.

467 창조적 무능

서튼Robert Sutton 교수는 리더들에게 '창조적 무능을 활용하라'고 조언한다. 중요치 않은 업무에는 무능한 것처럼 보여 대충 넘기라는 것이다. 그래야만 가치 있는 일에 집중해 창조적일 수 있다는 것.

468 애매한 지시

많은 상사들은 지시를 애매하게 해 놓고 직원들이 답을 가져오면 자신의 의도가 아니라고 질책한다. 그러면 이후 직원들은 상사의 의도가 무엇인지 해석하는 데 시간을 보내고 때로 상사의 측근에게 의도를 파악하기 위해 로비하는 등 쓸데없는 곳에 에너지를 낭비한다.

469 의사결정

의사결정에서 주의해야 할 것은 어떤 주장을 하는 직원이 설명과 답변을 제대로 하지 못한다고 해서 그 주장이 잘못된 것이라 판단해서는 안 된다는 것이다. 목소리 크고, 순발력 있는 직원이 반론을 펼치면 그 반론이 옳아 보이지만 실제는 아닐 수도 있다는 것이다. 그러므로 Fact와 인과관계를 검토하지 않고 대략 말이나 예시만 듣고 의사결정을 하는 것은 위험하다. 이러한 위험에 대응하기 위해서는 '말'이 아닌 '글'로 판단할 필요가 있다. 글은 말처럼 흘러가는 것이 아니므로 되짚어 보면서 검토할 수 있다. 말은 버벅거리지만 글로는 상당한 논리를 가진 사람들이 꽤 있다. 이런 사람을 무시하면 위험하다.

470 큰 그림

많은 회사들은 직원에게 할당된 업무에만 집중하도록 요구하고 그 밖의 것은 회사기밀로 취급한다. 나는 잘못된 통념이라 생각한다. 직원들에게 더 큰 그림을 제공할수록 그들은 더 훌륭하게 일을 해낸다. 그들에게 업무 이상의 것을 보여 주라. -잭 스택 Jack Stack

471 인간적인 협상

협상을 성공으로 이끄는 가장 중요한 요인은 호감이나 신뢰 같은 인간적인 요소라고 한다. 관련 지식이나 논리는 부차적 요소라고 하니 사람에게 집중하고 그를 인간적으로 대우하는 것이 중요!

472 흔들린다면

누군가 흔들린다면 조짐이 보이는 즉시 달려가서 설득해야 한다. 시간이 더 지날수록 설득시킬 확률이 낮아진다. 초기대응의 신속함은 상황의 악화를 엄청나게 방지한다.

473 방에 들어오라

높은 상사들이 직원들과 이야기하면서 의견 있으면 언제든 자신의 방에 들어오라 하고 언제든 메일 쓰라고 해도 그런 시도를 하는 직원은 거의 없다. 궁금하면 자신이 방을 나가서 만나고 자신이 먼저 메일을 써야 한다.

474 직원과 고객

직원이 고객에게 인간적 모멸감을 받고 왔다. 당신이 상사라면 '고객은 신이야. 참아야지'라고 할 것인가? 나는 고객에게 '우리 회사는 고객님과 마찬가지로 직원을 소중히 여깁니다. 그 점을 이해해 주실 수 없다면 거래하지 않으셔도 좋습니다'라고 한다. _하세가와 Kazuhiro Hasegawa

475 군주와 신하

군주가 신하를 자신의 수족처럼 여기면 신하도 주군을 자신의 심장과 배처럼 여긴다. 그러나 군주가 신하를 흙이나 지푸라기처럼 여기면 신하는 군주를 원수처럼 여긴다. _맹자

기업의 상사들은 기억할 말씀.

476 다음 단계로 발전시키기 위해서

창업자가 회사를 다음 단계로 발전시키기 위해서는 다음과 같은 사실을 인지해야 한다. '나는 모든 일에 유능하지 않다', '혼자서 모든 일을 처리하려고 하면, 기필코 회사의 성장을 저해하게 된다.' _사에구사 Tadashi Saegusa

477 과수원의 법칙

부하직원을 키울 때 '과수원의 법칙'을 적용하라. 농작물을 키우듯 시간과 끈기를 들이고, 나무 종류마다 열매 맺기까지 걸리는 시간이 다름을 이해해야 한다. 사람은 계단을 오르듯 단계적으로 성장한다.

우치다 Tatsuru Uchida

478 회복력

미국 어떤 글로벌 기업의 고위 임원 자격 중 하나로 '회복력'을 꼽은 글을 읽은 적이 있다. 압박과 스트레스 환경 속에서 빠르게 회복할 수 있는 것도 큰 역량인데 아무리 똑똑해도 이러한 역량이 부족

하면 지탱이 어렵다. 이런 회복력을 가지려면 좀 낙관적이어야 한다.

나는 어려운 상황을 만나면 항상 가장 최악의 경우를 산정하고 그에 따른 대책을 시뮬레이션한다. 그렇게 하면 긍정적이 되고 스트레스를 덜 받는다. 쉽게 말하면 '죽기야 하겠어?'라는 생각이다. 지금까지 수많은 어려움이 있었지만 최악으로 간 적은 없었다.

479 사장님을 따르겠습니다

머리도 좋고 일도 잘하는 사람이 있었다. 회식자리에서 내 옆에 와 '사장님을 믿습니다. 무슨 일이 있어도 사장님을 따르겠습니다'라고 말하곤 했다. 그런데 그런 사람일수록 회사가 어려움에 처하자 서둘러 떠나고 말았다. _이나모리 가즈오 Kazuo Inamori 교세라 회장

480 장점과 역량

리더들과 각 사업과 조직들이 쌓은 역량들에 대해 토의하는 시간을 가졌다. 나는 각 조직이 부족한 역량임에도 뛰어나다고 과장하며 오판할까 염려했는데 실제는 반대. 너무 겸손한 것인지 자신들이 가진 장점과 역량들을 잘 파악하지 못하고 있었다.

모두들 자신의 장점에 대해서 잘 아는 것 같지만 의외로 자신의 장점을 모르는 경우가 많다. 반면에 자신의 단점들은 철저히 알고 있는 경우가 많다. 그러나 실제 자신이 무엇을 잘하고, 어떤 역량을 갖추었고, 어디에서 그것을 잘 발휘할 수 있을지 잘 모른다.

자신의 장점과 역량은 자신보다는 자신과 일해 왔던, 그러면서 자

신에 대해 애정을 가진 주위 사람이 더 잘 알 가능성이 크다. 그러나 자신의 숨은 역량은 정말 훌륭한 리더나 코치 또는 그것을 발휘할 기회를 만나지 않는 이상 영원히 감추어질 가능성이 높다.

481 오해와 소통

직원들과 이야기해 보면 불만의 70퍼센트 이상은 오해와 소통 부족에서 나옴을 발견한다. 빠르게 답해 주고 토의하고 이유를 설명해 주면 이해하는데, 그렇지 않으면 그것을 큰 문제로 생각하고 전파하기도 한다. 알아서 이해할 것이라 생각하면 오산.

482 잭 웰츠의 사람 보는 눈

잭 웰츠Jack Welch가 고위 경영진 채용 시 점검한다는 네 가지를 기억해 본다. 껍데기와 속임이 없는 진실성, 미래를 내다보는 힘, 자신보다 훌륭한 사람들을 옆에 두는 용기, 실패와 고난에서 다시 일어설 수 있는 회복력.

483 리더의 질문

당신이 리더라면 부하직원 앞에서 무슨 말을 자주 하는가? 목표를 달성하면 보너스를 주고, 못하면 연봉인상은 없다고 하는가? 아니면 부하에게 어떤 일을 하고 싶은지 물어보고 그들에게 그 일을 할 수 있는 권한을 주기 위해 애썼는가? 후자가 진짜 리더.

484 변화는 중간에서부터

변화와 재창조는 조직의 상부에서도 하부에서도 이루어지지 않는다. 변화는 바로 조직의 중간에서 이루어져야 한다. 변화에 성공한 기업들은 활기차고 자신감 넘치는 중간관리자들을 가지고 있다. _슬랙 Slack 중에서

485 직장의 권력자

라디오에서 한 커리어 컨설턴트 왈 '직장의 권력자는 난로와 같다. 멀리 있으면 춥고, 가까이 다가갈수록 따뜻하다. 그러나 너무 가까이 다가가면 데인다. 그가 너를 믿으니 원하는 대로 모두 해봐! 라고 할 때 정말 마음대로 하면 안 된다.'

486 보상의 사용법

보상은 제공되는 순간 중독성을 띠게 되므로 이후 기존의 보상으로는 더 이상 만족할 수 없는 상황이 발생하고, 당연한 것으로 여겨진다고 한다. 또한 보상이 이루어지지 않으면 일을 제대로 하지 않게 되는 현상도 발생한다고 한다. 보상도 잘 사용해야 할 듯!

보상은 본질상 우리의 시야를 좁힌다고 한다. 해결점까지 분명한 길이 있는 경우는 보상이 앞만 바라보며 더 빨리 나아가게 해 주는 데 도움이 되지만, 혁신적인 해결책을 생각하는 데는 오히려 방해가 된다고 한다. 채찍과 당근만으로 사람은 움직이지 않는 듯.

많은 사람들이 명장이란 적은 인력으로 대병력을 이기는 자라고 여긴다. 물론 명장들은 한두 번 그러한 상황을 치렀다. 그러나 진정한 명장은 그런 방식을 지속하지 않는다. 되도록 결전을 피하고 이길 수밖에 없는 싸움을 하고 강한 상대와의 싸움을 피한다. 불확실한 상황에서 최선을 다한 후 마지막으로 우연의 힘을 빌려 승리하고 나면 그 다음부터는 더 확실하게 이기는 방식을 추구하는 것이 명장. 범장은 그러한 승리를 자신의 힘으로 쟁취했다고 착각하며 그 뒤에도 계속 안개 속에서 싸우다가 언젠가는 죽는다. _다부치 나오야 田淵直也

리더에게 있어 팔로어의 '충성심'이란 매우 중요한 덕목이나 그것만 감싸다 보면 새로운 인재를 얻을 수 없을뿐더러 기존에 알아보지 못한 인재도 잃을 수 있다.

갤럽조사에 의하면 '내가 지금 회사에서 맡은 일이 내가 잘하는 일'이라고 응답한 직장인의 비율은 20퍼센트밖에 되지 않았다고. 결국 이 말은 직장인의 80퍼센트는 자신이 잘하는 일이 아닌 것을 회사가 시키고 있다는 것.

샤킬 오닐Shaquille O'Neal은 뛰어난 센터였지만 자유투는 엉망이었다. 이에 코치는 항상 자유투 연습만 시켰으나 큰 진전이 없었다고. 이후 필 잭슨 감독을 만났는데 그는 '앞으로 자유투 연습은 한 시간만. 나머지는 골밑 플레이만 집중 연습하라.' 이후 그는 역사상 최고의 센터가 되었다고.

최고의 리더는 팀을 위해 개인을 희생하라고 하는 사람이 아니다. 그는 부하의 재능을 파악해 각각의 재능을 극대화시키고 이를 결합해 팀으로 가장 높은 성과를 창출한다. 최고의 리더가 가져야 할 최고의 덕목은 직원의 강점을 파악하는 능력이다. _마커스 버킹엄 Marcus Buckingham

489 리더의 미션

넷플릭스에 전설적 축구감독 호세 모리뉴 감독 인터뷰 영상이 있다. 그가 자신의 승리 비결을 몇 가지로 이야기하는데 그중 내게 가장 영감을 준 말은 이것이다. "Don't coach the player. Coach the team." 그는 이렇게 말한다. "코치가 할 일은 선수에게 축구를 가르치는 것이 아니다. 호날두에게 프리킥 차는 법을 가르칠 수 없다. 세계에서 가장 잘 차는 선수를 내가 어떻게 가르치는가! 코치가 하는 일은 선수들이 '팀에서 축구하는 법'을 가르치는 것이다. 팀이 이기는 게 핵심이다. 팀이 없으면 스타 플레이어도 자신의 재능을 표현할 수 없다." 리더가 구성원 개개인의 성장을 일정 부분 도울 수 있으나 프로의 세계에서 개인의 역량을 키우고 성장시키는 것은 리더가 아닌 본인의 몫이다. 리더의 핵심 임무는 무엇인가? 아무리 뛰어난 개발자라도, 아무리 뛰어난 마케터라도, 아무리 뛰어난 디자이너라도 전체를 보지 못한다. 그들은 팀으로 플레이하는 법을 모른다. 어떤 이들은 혼자서 뛰고, 어떤 이들은 협력할 줄 모른다. 무엇을 위해 일하는지 모른다. 리더는 이들에게 팀으로 일하는 법을 가르치는 것이다. 팀의 목표를 분명히 하고 구성원들이 그 팀의 목표달성을 위해 어떤 역할을 할지 분명히 하며 최상의 성과를 내도록 코칭하고 의사결정한다. 리더의 임무는 개개인의 전문성을 길러 주는 것이 아니라 그들에게 팀으로 일하는 법을 코칭하고 리딩하는 것이다.

룰을 깨라.
신속하게 용서하라.
진정으로 사랑하라.
감당하기 어려울 정도로 웃어라.

6 행복

490 불행해질 이유를 찾는 사람에게

에피쿠로스Epicouros는 인간은 행복하게 사는 데 있어 매우 서툴고, 반면에 불행해질 이유를 만들어 내는 재능은 엄청나게 뛰어나다고 했다. 과거에서 불행해질 이유를 찾지 말고, 미래의 염려와 걱정도 내려놓자.

491 원망의 희생자

불행히도 미움과 원망의 최대 희생자는 그 대상이 아니라 우리 자신이라 한다. 아이러니컬하게도 용서의 최대 혜택자 또한 우리 자신이라 한다.

'분노', '원망'이란 자신이 마시면서 상대가 죽기를 바라는 독약이라는 말을 들었다. 아하! 하게 되는 말.

492 타인의 희생물이 되지 말자

타인이 공격해 올 때 자신의 가치를 믿고 그들의 '희생물'이 되지 말라. 불행은 오는 게 아니라 자신이 선택하는 것이다. 자신을 보호

할 사람은 자신이다. 이에 훈련할 것은 감정적 동요에 휩쓸리지 않는 것이다. 심호흡을 크게 하고 차분하고 냉정할 필요가 있다. 무시하고 대범하게 넘기든지 아니면 독한 논리로 단호하게 처리하라.

493 진짜 부에 대해

어떤 책을 보니 진짜 부는 '자유', '건강', '관계'라고 정의한다.

494 인생은 짧다

인생은 짧다. 룰을 깨라. 신속하게 용서하라. 진정으로 사랑하라. 감당하기 어려울 정도로 웃어라. 그리고 당신을 미소 짓게 했던 그 어떤 것도 후회하지 말라.

495 인생의 춘하추동

친구가 장관이었던 분과 대화. 그런데 그가 장관이었을 때 이해관계가 전혀 없는 친구들에게조차 고압적이고 권위적으로 대했다고 한다. 결국 장관에서 물러나자 외톨이가 되었다고 한다. 평생 높은 자리에 있는 것이 아니니 겸손을 잃지 않아야.

오를 때가 있으면 내려갈 때도 있음을 기억해야. 예전 도널드 트럼프Donald Trump가 한 말 중 '오를 때 무시했던 사람들을 내려갈 때 다 다시 만난다'는 말이 기억난다. 오를수록 겸허해야 함을 다시금 기억.

세월을 이길 수 있는 사람은 아무도 없다. 인생에도 춘하추동이 있는 법. 특수한 몇몇 사람들을 제외한 대부분 사람들의 피크 시절은 한때. 영원히 그곳에 머물 줄 착각하고 교만하게 지내면 이후 인생이 힘들다는 사실을 잊고 사는 듯하다.

496 어떤 사람

나는 어떤 사람으로 기억되기 원하는가? 겨우 먹고살다가 죽은 사람, 돈은 많지만 탐욕스러운 사람으로 기억되고 싶은 사람은 많지 않을 것이다. 새로운 것을 만든 사람, 학문이나 사회의 어려운 문제를 해결한 사람, 타인의 삶이나 세상에 기여하고 변화를 가져온 사람 등이 아닐까.

497 수치심에서 벗어나는 방법

누군가에게 '바보'라고 낙인찍히는 것도 나쁘지만 스스로 자기가 바보라고 믿는 것은 더 해롭다고 한다. 스스로 그렇게 믿는 사람은 평생 수치심을 가지고 살 가능성이 높다고. 모욕감, 죄책감보다 더 무서운 것은 수치심이라고 한다.

주위의 비난, 책망 등을 이기지 못하면 어느새 '나는 바보다. 사랑받지 못한다. 형편없다. 초라하다. 가치없다' 등으로 자신을 규정하고 수치심을 느끼게 되며, 이 수치심은 사람을 고립과 단절로 이끌고 극도에 달하면 절망과 자포자기로 이끈다고 한다.

브레네 브라운Brene Brown에 의하면 수치심에 빠진 상대를 구해 줄 수 있는 비결은 바로 '공감' 이라고 한다. 공감은 '1. 상대의 입장에서 세상을

본다. 2. 비판적 입장을 취하지 않는다. 3. 상대의 감정을 이해한다. 4. 상대의 감정을 이해한다는 사실을 전달한다'라고.

수치심에서 빠져나오게 하는 가장 힘이 되는 말은 '너만 그런 게 아니야'라는 공감이라고. 네가 비정상이 아니라는 것. 나쁜 말은 '네가 자초한 일이야', '그러게 미리 준비하지', '바보 아냐?'

공감과 연민을 혼동하기 쉽다고 한다. 후자는 수치심을 더 강화한다고. 연민은 '네가 그런 일을 당했다니 안타깝다'라고 말하지만 속으로는 '그러나 나는 아니다. 별거 아닌 것 갖고 그래. 그만 징징대.' 공감은 상대편으로 가는 것이며 연민은 선을 그은 것.

498 베풀 수 있을 때

베풀 수 있는 여지와 권한이 있음에도 불구하고 베풀지 않는 경우가 많다. 십중팔구는 이후 후회하게 된다.

499 공감 깨기

누군가 수치, 고난, 고통 등의 사건을 당한 후 우리에게 이야기할 때 '내가 아는 누군가는 너보다 더 힘든 상황인데도 잘 이겨냈어' 식으로 답하는 것을 '공감 깨기'라고 함. 그 말에는 '너는 그 정도 수준밖에 안 돼'라는 의미가 내포되어 있어 더 상처를 준다고.

큰 폭력이나 상처를 받고 온 친구나 가족에게 '너보다 더 심하게 당한 영희도 잘 참고 견뎠어. 그 정도 가지고 왜 그래?'라고 말하는 것이 공감도 문제해결도 안 되는 응답인데 다른 사람에 대해서는 쉽게 그런 식으로 조언한다. 특히 나를 포함한 남자들.

500 어떤 인생

목표를 달성하기 위해 너무 감성을 소모한 경우 '번 아웃 신드롬'에 걸린다고. 높은 자리에 오른 자체로는 뇌가 만족하지 않음. 그동안 고생에 대해 뇌는 보상받기 위해 쾌락 추구. 술이나 성에 빠지기 쉽다고. 책 읽기, 산책, 여행, 대화 등으로 치유해야 한다고.

열심히 살고 목표를 강하게 추구하며 성공의 위치에 오를수록 마음에 더 치유가 필요하다는 정신과의사 글을 읽으니 충격이다. 성공한 사람일수록 느린 쾌락인 산책, 여행, 독서, 대화 등으로 뇌를 달래지 않으면 빠른 쾌락인 술, 성, 도박 등에 빠질 수 있다니.

교통수단을 가지고 인생을 비유하는 이야기를 들었는데 공감이 됨. 정해진 루트에서 절대 벗어나지 않는 기차 같은 인생, 약간의 융통성이 있는 버스 같은 인생, 다양한 길을 가는 택시 같은 인생, 자가용 같은 인생. 다들 어떤 인생을 살고 있는지.

501 힘들고 포기하고 싶은 순간에

한 직원이 내게 '힘들고 포기하고 싶은 순간을 어떻게 극복했는가?'라고 질문했다. 답은 '결국은 잘될 것이라는 믿음.'

많은 걱정거리들은 실제 일어나지 않았고, 시간이 지나니 사라졌고, 일어났어도 잊혀졌다. 잘못된 선택 같았지만 결국 좋은 면도 있었다.

502 2등의 불행

동메달이 은메달보다 행복지수가 높다는 연구
결과를 본 적이 있다. 동메달 획득 선수들은 다들
감격하는데 은메달을 딴 선수들은 다들 침울한
것을 보면 맞는 것 같다.

503 걱정을 버리기

우리 생각의 90퍼센트는 쓸데없는 걱정이며, 쓸데없는 걱정의 90
퍼센트는 어제 했던 걱정이라 한다.

504 감사함에 대한 기록이 행복의 비법

'The happy secret to better work.' Ted강의. '열심히 일하라. 그러
면 성공할 것이다. 그러면 행복하리라'는 통념은 잘못되었다고 함.
역으로 긍정적이고 감사하면 뇌가 행복한 상태가 되고 이러면 더 재
미있고 열심히 일하게 된다고.

열심히 일해서 무언가 성취하는 것은 잠시 행복하게는 하지만 지
속력이 없다고 함. 좋은 대학이나 직장에 들어가도 행복은 잠시요,
연봉이 상승해도 기쁨은 한때. 무언가를 열심히 해서 행복해지는 것
이 아니라 행복하기에 무언가를 열심히 하는 삶을 택하라!

505 바로 지금

'지금 일은 지겹고 불행하지만 열심히 하다 보면 돈 많이 벌게 될

거고 십 년 후엔 때려치우고 행복할 거야'라는 말을
가끔 듣는다. 그러면 잃어버린 십 년은 누가 보상할
것인가? 불행히도 중간에 죽기라도 한다면? 십 년 후
엔 정말 행복할까? 바로 지금 행복해야 한다.

바로 지금 행복해지는 방법은 복잡하지 않다고 한다. 매일 감사한
것을 기록해 보는 것만으로도 행복한 상태가 될 수 있다고 한다. 열
심히 일해서 그 결과로 미래의 행복을 찾으려 하지 말고 지금 행복하
기에 자연스럽게 열심히 일하는 삶을 찾으라고 한다.

506 순간순간의 행복

심리 실험 결과, 나이가 들수록 더 행복해하고 더 만족하고 더 긍
정적이라고 함. 나이가 드는 것을 두려워할 필요가 없음. 또한 나이
많은 사람들이 증가하는 현상에 대해 부정적으로 볼 필요가 없는 이
유는 노인들이 많아질수록 사회는 더 행복해질 수도 있다고.

실험에 의하면 자신을 위해 돈을 쓰는 것보다 남을 위해 돈을 쓸
때 더 행복을 느낀다고 함. 이때 흥미로운 것은 쓰는 돈의 액수와 행
복도는 관계가 별로 없었다고 함. 큰돈을 쓴다고 더 행복하지 않음.
작은 돈이라도 남을 위해 쓸 때 나도 그도 행복해짐.

인간이 장수함에 따라 노인들이 많아지는 사회현상에 대해 그동
안 부정적인 이야기만을 들었다. 그러나 TED에서 한 심리학자의 강
연은 큰 긍정적 부분이 있음을 깨닫게 해 준다. 노인들이 많아질수록
사회는 더 행복해지고 관대해지고 긍정적으로 될 수 있다는 것.

507 행복한 결혼의 효과

연구에 의하면 행복한 결혼생활은 매년
십만 달러 이상의 연봉을 버는 것과 비슷한
효과가 있고, 정기적으로 마음에 맞는 사람
들과의 모임에 참석해 좋은 관계를 갖는 것은 두 배의 연봉을 받는
것과 유사한 효과가 있다고 한다.

휘트니 휴스턴Whitney Houston이 사망 직전 딸과 나눈 전화 내용은
'인생을 사는 데 중심을 잃지 않아야 한다. 할리우드는 정말 위험하
다. 어떤 남자와 결혼하는지가 정말 중요하다'였다고 한다. 결혼을 신
중히 하고, 명예와 인기를 조심하며 원칙을 가지고 살아야 한다는 것.

508 '겸손 가면'을 벗어 던지라

'겸손가면'이란 것이 있다. 겸손가면이란 자신이 능력있다고 말했
는데 나중에 혹 실패하거나 기대에 부응하지 못할까 두려워 낮추어
표현하는 것이라고 한다. 그러므로 가면 뒤에는 '두려움'이 있다. 이
분들은 자신이 충분한 강점이 있는데도 부족하다 여긴다. 그런데 불
행히도 이것은 진짜 겸손이 아니다. 심리학자들은 이것이 '가면'이라
고 한다. 겸손 가면을 벗어던지시라. 당신들은 충분히 유능하다. 당신
이 그 가면을 쓰고 겁먹고 두려워하는 동안 오만하고 자신감 넘치는
이들이 권력을 차지하며 당신들을 지배할 것이다.

509 열정과 직업

'열정'이란 자신도 주체할 수 없이 빨려 들어가는 것이다. 미친 듯이 사랑이나 종교나 일에 빠진 분들은 열정이 무엇인지 이해한다. 그러나 불행히도 많은 사람들은 꿈도 열정도 없다. 정말 하고 싶은 것, 이루고 싶은 것이 없다는 것은 얼마나 슬픈 일인지!

음악을 좋아한다고 해서 꼭 음악가가 될 필요도, 스포츠를 좋아한다고 꼭 선수가 될 필요도 없으리라. 내가 정말 원하는 것을 하고 산다는 것이 그것을 직업으로 삼는 것은 아니라는 생각이 든다.

510 가장 힘든 것은 외로움

어려움에 처했던 한 가족이 '아픈 것이 힘든 게 아니라 외로운 것이 힘들다'는 말을 한다. 어려움이 있을 때 옆에 있어 주는 것! 이것처럼 소중한 일이 없으리라.

511 진실과 빛

나는 승리에 사로잡힌 사람이 아니라 진실에 사로잡힌 사람이다. 나는 성공에 사로잡힌 사람이 아니라 내 안에 있는 빛에 사로잡힌 사람이다. _링컨 Abraham Lincoln 진실과 빛!

512 겸손과 비굴

"강한 자가 자신을 낮추는 것을 '겸손'이라 하고, 약한 자가 자신을 낮추는 것은 '비굴'이라 부른다"는 말이 있다. '겸손'이란 성공한 후 선택할 수 있는 사치스러운 덕목인 경우가 많다.

513 나이 들면 후회하는 일

나이 드신 분들이 후회하는 사항에 대한 조사연구를 읽었다. 오늘 어떤 책에서 읽었는데 1. 감정을 더 많이 표현할 걸. 더 기뻐하고 감탄하고 칭찬하고 2. 더 도전하고 더 시도해 볼 걸 3. 무엇인가 사람들이 나를 더 기억할 것을 남길 걸.

514 사랑, 열정, 에너지

사랑, 열정, 에너지로 충만한 사람은 많은 표현을 하지 않아도 주위 사람들에게 영향을 주고 주위 사람들에게 그 기운을 전염시킨다.

515 인생에 큰 도움이 되는 단순한 진리

1. 생각은 생각일 뿐이다: 생각은 실제가 아니며 자신을 죽이지 못한다. 2. 걱정은 걱정일 뿐이다: 걱정은 머릿속의 생각과 감정일 뿐 자신을 해치는 실제가 아니다. 3. 과거는 과거일 뿐이다: 과거는 머릿속의 기억에만 남아 있다. 과거는 실제가 아니다.

516 뚜벅이의 행복

걸어 다니면 차를 타고 다닐 때 못 했던 많은 것들을 보게 된다. 작은 카페, 빵집, 세탁소, 금은방, 부동산, 문구점…… 사람 사는 냄새를 느끼게 된다.

517 우리를 죽이지 못하는 것은

한 지인이 찾아와서 말한다. "올해 정말 힘든 한 해였습니다. 사업도 어려웠고 직원들도 퇴사를 많이 했습니다. 그 과정을 겪으면서 위기 의식을 가지고 뛰었고 많은 분들에게 새로운 도움을 받을 수 있었으며 전에 없었던 기회들이 만들어졌습니다. 이런 어려움이 없었으면 절실함이 없었을 것입니다."

나는 니체의 말을 인용해 주었다. '우리를 죽이지 못하는 것은 우리를 더 강하게 만든다.' 때로 시련과 고난이 인간을 죽이기도 한다. 그러나 죽음으로 가지 않는 한, 마음을 굳게 먹고 냉정하게 현실을 대처하면 그 고난은 우리를 더 단단하고 강하게 한다.

518 하루하루

하루하루 엄청나게 중요한 시간이고 인생이건만 빠르게 지나가 버렸으면 하는 시간들이 있다. 대충 보내면 나이가 든 후 분명 후회할 텐데.

돈이 있어도 살 수 없는 것이 많다. 그중 가장 큰 것은 '시간'인 것 같다. 누구에게나 하루 24시간이 주어져 있고 아무리 부자라도 백 년 이상 살기 어렵다.

519 행복을 만드는 것들

많은 연구팀에 의하면 돈과 성공이 행복을 낳는 것이 아니라고 함. 그러면 행복을 얻을 수 있는 비결은? 1. 감사, 사랑, 희망적 미래에 대해 글로 일기 등을 쓰는 것. 2. 자주 웃는 것. 3. 물건 대신 경험을 사는 것. 4. 타인을 돕는 것.

520 경험을 사는 것

어떤 심리학자의 연구. 스마트 폰, 핸드백 등의 물건을 사는 것과 맛있는 식사, 콘서트, 여행 등의 경험을 사는 것 중 어느 쪽이 더 행복을 줄까? 결과는 단기적, 장기적 행복 모두 후자가 훨씬 컸다고 함. 물건은 점점 낡아지지만 경험은 여전히 기쁨을!

521 면역 체계

고생을 엄청나게 하고 그 한계를 돌파한 사람은 웬만한 어려움에는 별로 흔들리지 않는다. 어려운 환경 극복은 예방접종처럼 강한 면역 체계를 가져오는 것 같다. 특히 젊었을 때의 시련, 고통, 모험은 평생의 자산임에 틀림없다.

522 욕심과 행복

아무리 돈이 많고 권력이 강해도 하루에 세끼 넘게 먹기 힘들고 백세 이상 살기 힘들다. 칼에 찔리면 피 흘리고, 넘어지면 깨지는 것도 동일. 황금 옷을 입는다고 더 따뜻해지는 것도 아닌데 너무 욕심부리지 말고 하루하루 즐겁고 행복하게 살자!

523 가장 지키기 어려운 것

돈, 명예, 권력 중 두 가지를 가진 분들은 종종 언론에서 접한다. 그러나 세 가지를 모두 가진 분들은 잘 떠오르지 않는다. 명예를 지키는 것이 그중에서 가장 어려운 듯.

524 감정에 관하여

"감정은 죄가 없다. 감정을 소중히 여기라. 감정을 떨쳐 버리기보다는 부정적인 감정이라도 인정하라. 분노하는 것은 당연하다. 기분이 나쁜 것도 당연하다. 오히려 감정을 억제하면 문제가 생긴다. 슬플 때 울지 않고 화날 때 억누르면 병이 생긴다. 그러나 '감정'과 '감정적'은 다르다. '감정'까지는 자연스러운 현상이지만 이를 확대해 '감정적'으로 되는 것은 의도적인 현상이다." _ 미즈시마 히로코 Hiroko Mizushima

525 느긋함과 낙관

정치인들이 의외로 평균 수명이 높은 이유는
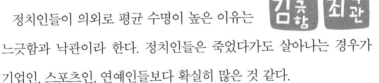
느긋함과 낙관이라 한다. 정치인들은 죽었다가도 살아나는 경우가 기업인, 스포츠인, 연예인들보다 확실히 많은 것 같다.

526 그때그때 풀기

사소한 오해와 서운함이 쌓이면 큰 신뢰의 벽도 뚫을 수 있으니 자주 소통하고 자주 표현하는 것이 필요해 보인다! 특히 그때그때 풀지 못하고 쌓아두는 성격을 가진 주위 사람들에게는 더더욱!

사람들은 아주 사소한 일, 사소한 오해에 상처받을 수 있음을 요즘 깨닫는다. 얼마 전 어떤 후배에게서 몇 년 전 내게 인사를 했는데 안 받아 주어 자신을 미워하는 줄 알았다는 이야기를 술자리에서 들었다. 기억도 안 나는데 흑!

527 존경받았지만 사랑받지 못했다

이어령씨는 죽음이 가까워 오자 솔직하게 이런 말도 하셨다. "나는 존경받았지만 사랑받지 못했다." 지식과 지혜를 탐구하셨지만 그 시대의 전형 적인 한국 남성들같이 사랑을 주고 받는 데는 서투셨다. 그의 딸은 암으로 먼저 돌아가셨다. 그의 딸은 생전에 이런 글을 썼다.

"자기 전에 인사를 드리기 위해 아버지가 글을 쓰고 있는 서재 문을 두드렸다. 오늘따라 특별히 예쁜 잠옷을 입었기에 아버지가 '굿나잇' 해 주길 기대했다. 하지만 아버지는 쳐다보지도 않고 건성으로 손을 흔들기만 했다. '오늘도 역시'하는 생각에 시무룩해져 돌아섰다. 부모에게 사랑받지 못한다는 생각에 아버지 서재에 숨어들어 가 술을 마셨다. 작가, 교수, 논설위원 등 세 개 이상의 직함을 가지고 살며 늘 바쁜 아버지가 집에 들어오시면 그 팔에 매달려 사랑받고 싶은 딸이었는데, 배고프고 피곤한 아버지는 '밥 좀 먹자'면서 나를 밀쳐 냈다."

그는 딸의 사후, 후회하며 이런 편지를 쓰셨다.

"나는 어리석게도 하찮은 굿나잇 키스보다는 좋은 피아노를 사 주고 널 좋은 승용차에 태워 사립학교에 보내는 것이 아빠의 행복이자

능력이라고 믿었다. 하지만 나는 이제서야 느낀다. 사랑하는 방식의 차이가 아니라, 나의 사랑 그 자체가 부족했다는 사실을…… 옛날로 돌아가자. 나는 그때처럼 글을 쓸 것이고 너는 엄마가 사 준 레이스 달린 하얀 잠옷을 입거라. 그리고 아주 힘차게 서재 문을 열고 '아빠, 굿나잇!'하고 외치는 거다. 약속한다. 이번에는 머뭇거리고 서 있지 않아도 된다…… 나는 글 쓰던 펜을 내려놓고, 읽다 만 책장을 덮고, 두 팔을 활짝 편다. 너는 달려와 내 가슴에 안긴다. 내 키만큼, 천장에 다다를 만큼 널 높이 들어 올리고 졸음이 온 너의 눈, 상기된 너의 뺨 위에 굿나잇 키스를 하는 거다. 굿나잇 민아야, 잘 자라 민아야. 그리고 정말 보고 싶다."

따님과 하늘에서 다시 만나셔서 마음껏 포옹하시길.

528 담요를 불태워라

예전에 동물농장이란 프로를 보았는데 한 강아지가 나왔다. 불행히도 그 강아지를 아껴 주던 주인이 죽었다. 그 이후 그 강아지는 주인이 항상 앉아 있던 담요 위에서만 웅크리고 앉아 식음을 전폐하고 있었다. 그 주인의 부인이 아무리 잘해 주어도 소용없었다. 벨소리가 나면 잠시 쫓아 나갔다가도 다시 그 자리로 돌아왔다. 굶어 죽기 일보 직전이었다. 이때 전문가가 나타나 도움을 주어 해결했다. 어떻게 해결했을까? 그 전문가는 과감히 그 담요를 불태웠다. 그리고 새로운 집을 꾸며 주었다. 그러자 강아지는 새로운 환경에 적응하기 시작했다. 당신의 담요는 무엇인가?

529 느림의 미학

자전거를 천천히 모는 것이 빨리 모는 것보다 훨씬 어렵다.

530 행복을 미루지 말자

이상한 변호사 우영우에 정명석 변호사가 나온다. 그는 자신의 몸에 이상이 생긴 후 변화를 보인다. 평소라면 일에만 빠져 있던 사람이 가지 않아도 될 제주도 출장도 자원하며, 스포츠카도 타 본다. 우리는 자꾸 행복을 미룬다. "시간 많이 나면 이것 해야지" "돈 벌면 이거 해야지" "퇴임하면 남는 게 시간일 텐데 그때 해야지" "돈 벌어서 효도해야지" 이런 유혹에 빠진다. 그러나 어느새 나이가 들거나 아이가 훌쩍 크거나 부모님은 돌아가시거나 생각지도 못한 상황이 벌어질 수도 있다. 진짜 하고 싶은 것이 있다면 지금 할 수 있다. 잘 생각해보면 '돈 벌면 하고싶다'는 것 중 많은 것을 지금 할 수도 있다. 가고 싶은 곳이 있다면 지금 티켓을 끊고, 배우고 싶거나 하고 싶은 것이 있다면 지금 예약을 하자. 뵙고 싶은 분이 있으면 지금 찾아가자.

531 멋진 스토리

라디오에 어떤 분이 '회사에서 밀려나 퇴직하게 되어서 앞으로 희망이 없다'라는 상담을 했는데 상담자가 '이제 당신은 멋진 스토리를 만들 수 있는 기회가 생긴 것입니다'라고 격려했다. 이런 어려움을 딛고 성공하면 정말 멋진 스토리를 가질 수 있는 것!

532 일에서 의미 찾기

연봉이 높고 회사에 각종 훌륭한 체육시설이 있음에도 몸이 아프고 심리적 고통을 받고 있던 직장인들을 치료하며 의문이 들었다. '모든 게 완벽해 보이는 이들에게 무슨 문제가 있는 걸까?' 공통점은 '일에서 의미를 찾지 못한 것'이다. _마르티네스 Martinez 박사

533 아깝고 소중한 인생

하루하루를 불평하고 지겨워하며 살기에는 우리 인생이 너무도 아깝고 소중하다. 내가 사는 인생의 의미를 찾고, 내가 하는 일의 의미를 찾으며 하루하루 적극적이고 즐겁게 살자!

534 감사의 힘

'감사'는 행복을 이루는 첩경이라 한다. 어떤 분은 매일 감사 일기를 쓰신다. 정말 좋은 실행 같다. 매일 감사한 것, 행복한 것을 한 줄이라도 기록할 수 있다면 행복에너지가 충만해질 것이다. 그뿐 아니라 주위사람들도 엄청난 행복에너지를 얻을 것이 분명!

535 소망하는 방법

자신이 원하고 소망하면 얻는다고 해서 내가 부자도 아닌데 '나는 부자야'라고 외치면 마음 깊은 곳에서는 의심이 든다고. 이보다는 '나는 부자가 되는 중이야'

라고 외치는 것이 더욱 효과가 있다고 함.

536 긍정어 쓰기

'~가 싫어', '~하고 싶지 않아' 라는 말을 하면 부정어의 대상에 더 집중하게 된다고 한다. 대신 내가 원하는 것을 말할 때 긍정이 가득해진다고! '돈이 없어'보다는 '부자가 될 거야', '살찌기 싫어'보다는 '날씬하고 싶어', '걱정 마라'보다는 '잘될 거야.'

긍정적인 것이든 부정적인 것이든 자신의 삶은 자신이 주의와 에너지를 쏟는 대상을 자연스럽게 끌어당긴다고 한다. 기쁨에 에너지를 쏟으면 기쁜 일들이 보이고 슬픔에 빠지면 슬픈 일이 자꾸 생긴다는 것.

'가난해서요, 돈이 없어서, 별로야, 재수 없어, 짜증나, 피곤해' 등의 말은 가난을 부르며 '행복해, 고마워요, 좋은데, 잘 되었군, 축하해요, 난 운이 좋아'라는 말은 풍요를 부른다고 한다. 밝은 표정과 밝은 목소리 그리고 밝은 말! 행복해!

537 대충 살아도 괜찮다

"완벽해야 해, 틀리면 안 돼, 게으르면 안 돼, 쓸데없는 일을 해서는 안 돼. 1등 해야 돼"의 삶은 자신의 삶을 죄책감으로 가득하게 한다. 당신은 이미 잘 살아왔다. 괜찮다. '이렇게 사는 것이 잘 사는 삶'이라는 고정관념을 버리라. 남들의 눈에 따라 살려 하지 말고 때로 대충대충 살아도, 빈둥거려도 좋다.

538 나는 충분하다

나는 성공한 분들을 많이 만나 보았지만 다들 뒤에 나약함이 숨어 있었다. 인정받기 위해 애쓰거나 가난했던 트라우마를 이기기 위해 돈에 집착하거나 이루어지지 못한 좌절을 보상받고자 분투하는 경우들도 많았다. 훌륭한 성공 뒤에 화목하지 못한 가정도 적지 않았다. 위선도 있다. 추종하면 실망한다. 당신만 그런 게 아니다. 다 유사하다. 다들 비슷한 욕망 속에 있고 비슷한 감정을 겪는다. 능력과 성취 뒤에는 그 크기만 한 그림자들이 대개 뒤에 있다. 그러므로 남들의 겉모습과 비교하여 자신을 틀리게 만들 이유가 없다. 우리는 그 자체로 충분하며 온전하다. 내가 게으르다고 사람이 돼지가 되는 게 아니다. 역으로 돼지가 근면 성실 한다고 인간이 되는 것도 아니다. 인간은 인간으로서 온전하다. 이것이 당당할 이유다.

539 계단을 올라갈 때 만난 사람들

'계단을 올라가면서 만나는 사람들을 함부로 대하지 말라. 그들은 계단을 내려올 때 다시 만나게 될 사람들이다'라는 문구를 보았다. 잘나갈 때 교만하고 사람을 함부로 대한다면 이후 되갚음을 받을 것임을 기억하자.

540 약할 때 강하다

브레네브라운은 자신의 취약성을 없애려 하거나 피하거나 무시할 때, 남들 앞에서 가식하고 가장할 때 좋은 관계, 사랑, 행복이 따를 수 없다고 한다. 나는 이 말이 제일 감명 깊었다.

"나는 불완전하지만 충분하다." 성경 또한 이렇게 말한다. "내가 약한 그때에 내가 강하다."

541 위성이 아닌 빛나는 별

'나는 위성이 아닌 빛나는 별이다.' 남들 주위를 돌면서 눈치 보고 전전긍긍하며 남들이 가진 빛(인정, 사랑)을 얻어 가려는 삶을 그만둔다. 스스로 빛나는 별로 산다.

542 당당함과 긍정

다산 정약용이 자녀들에게 다음과 같은 편지를 썼다고 한다. '너희들은 죄인의 아들이라 과거시험을 볼 수 없다. 이 얼마나 행복이냐? 시험을 위해 공부를 하는 것이 아니라 너희가 하고 싶은 공부를 마음껏 할 수 있으니.' 당당함과 긍정으로 어려움을 극복!

543 착하게 살면서도 호구가 되지 않으려면

겸손한 기버giver들은 종종 호구가 된다. 착하면 함부로 대하고 마음껏 깎아내리고 심지어 왕따시킨다. 그런데 가장 높은 성과를 거둔 사람들을 조사해 보았는데 이들은 누구였을까? 흥미롭게도, 이 역시 기버였다.

즉, 기버는 양 극단에 있다는 것이다. 주되 호구가 되지 않는 사람들은 높은 성과를 거두고 존경도 받고 조직도 건강하게 만든 반면,

주되 호구가 된 사람들은 낮은 성과를 거두고 피해만 보았다.

착하게 살되 호구가 되지 않으려면? 애덤 그랜트Adam Grant의 주장을 정리해보면,

1. 상대가 호구를 이용하려는 테이커Taker라면 매처Matcher로 변신하라.

평상시에는 먼저 베풀고 착하게 살지만, 나를 배신하거나 이용하거나 함부로 하려는 놈에게 단호한 모습을 보인다. 세게 나간다.

2. 자신의 이익이 아니라 타인이나 조직의 이익을 대변한다고 생각하라.

기버는 마음이 여려서 협상을 잘 못한다. 자신의 이익을 챙기는 데 미숙하다. 양보하기만 한다. 이러다가 호구가 된다. 이때 내가 나의 이익이 아니라 타인이나 팀의 이익을 위해서 협상한다고 생각해야 한다.

3. 제로섬에는 참여하지 말고 윈윈을 만들어라.

기버는 제로섬 플레이에 약하다. 남의 것을 빼앗는 데 익숙하지 않기 때문이다. 그러므로 파이를 크게 해서 서로 나누는 방식의 창의력을 발휘한다. 서로 다들 가져가게 하고 나도 가져간다.

기버가 많을수록 세상이 선해지고 아름다워진다. 그러나 불행히도 기버는 호구가 되기 쉽다. 이를 이용하는 테이커들이 곳곳에 숨어 있기 때문이다. 기버로서 살되, 마냥 무르게 행동하지 말자. 테이커가 나타나면 자신이 만만치 않은 인간임을 보여주라. 과도한 착함을 던져버리라. 권한과 책임이 주어지면 제대로 쓰라. 이것이 자신도 세상도 윈윈하는 방법이다.

544 새옹지마

어떤 벌어진 사건에 너무 일희일비할 필요 없다. '과거는 과거다.Past is past' 나쁜 일이 벌어지면 좋은 일도 있으려니 하고 좋은 일이 벌어지면 감사하되 경계할 필요가 있다. 밤이 있으면 낮이 오고, 낮이 있으면 밤이 오는 게 인생이리라. 단지, 행운이 부족한 어떤 이에게는 밤이 좀 길고, 행운이 많은 어떤 이에게는 낮이 좀 길 뿐이다.

545 누군가에게 행복한 기억을 오래 남기려면?

히스형제는 '순간의 힘'에서 흥미로운 이야기를 한다. 어느 기간의 행복도에 대한 기억은 그 기간의 '행복의 평균값'이 아니라 '몇 가지 순간의 값'으로 결정된다는 것이다. 예를 들어, 당신이 일년 내내 즐거웠지만 연말에 기대했던 승진 실패 소식을 들었다면 그해의 직장생활 행복도는 어떻게 기억될까? 아마도 '불행'으로 기억될 가능성이 높다. 즉, 아주 즐겁고 감동받은 순간이나 아주 고통받고 트라우마 같은 순간의 값이 그날 또는 그 기간의 행복도를 결정한다는 것이다. 이런 뇌의 메카니즘을 이해한다면 조금 더 남들을 행복하게 하기 위한 전략은? 바로 '깜짝 놀랄 이벤트'를 '가끔씩' 해 주는 것이다.

546 위기가 주는 기회

'위기는 우리가 가진 능력과 가치를 깊숙이 들여다볼 기회를 준다'

는 말이 있다. 위기가 닥치면 불안, 염려에 빠져 스스로 자멸하는 경우도 있지만, 그동안 감추어져 있던 잠재능력을 발휘하고 더 똘똘 뭉쳐 위기 전보다 더 강해지는 경우도 있다.

547 직장과 가정

일반적으로 직장인들은 가정에 오면 풀어진다. 가정에서 쉽게 화를 내고 가족이니 당연히 이해해 줄 것을 기대하지만 가족의 입장에서는 역으로 가족인데 어떻게 그런 식으로 나에게 대할 수 있는가 라고 충격을 받는다.

548 다섯 개의 공

인생은 양손으로 다섯 개의 공을 던지고 받는 게임 같다. 다섯 개의 공은 일, 가족, 건강, 친구, 자기 자신. '일'이라는 공은 고무공 같아서 떨어뜨려도 다시 튀어 오르지만, 나머지는 유리공이라서 한 번 떨어뜨리면 금이 가거나 깨진다. _제임스 패터슨 James Patterson

549 평안

쉽게 열받고, 쉽게 스트레스받고, 쉽게 맘 상하는 것은 인생을 사는데 참으로 불리하다. 풍랑이 부는 배 안에서도 잠을 청할 수 있는 평안이 필요하다. 환경이 나를 흔드는 것이 아니라 나 자신의 연약함이 나를 흔드는 것.

550 즐겁게 살라

부모님께서 S전자 고위임원의 스트레스로 인한 자살, H자동차 고위임원의 심장마비를 말씀하시며 '그분들 은퇴한 후 행복하게 살겠다고 준비했을 것 아니냐, 그런데 그때가 오지 않았다. 너무 무리하지 말고 현재를 건강하고 즐겁게 살라'는 말씀.

551 나답게 사는 것

나답게 사는 것은 그만두고 싶은 것은 그만두고, 하고 싶은 것은 하는 것. 다른 사람들의 눈을 의식하지 않고 사는 것. 좋은 사람으로 보이려 애쓰지 않는 것. 완벽하려는 압박감에서 떠나는 것. 부모를 떠나는 것. 설레지 않는 것은 하지 않는 것.

552 괜찮다

강한 책임, 완벽함으로 인해 작은 것에도 예민해하는 분을 만났다. 그에게 이런 이야기를 해 주었다. "실수를 해도, 잘못을 해도 괜찮다", "남들을 실망시켜도 괜찮다", "세상은 나를 심판의 눈으로 보는 것이 아니라 도와주려는 따스한 눈으로 보고 있다",
"해야만 하는 것"이란 없다. Must
의 삶은 인생을 성공시키기도 하지
만 삶의 에너지를 다 소진시킨다.
Ok의 삶으로 전환하라. 당신이 어떠하든
"괜찮다" 그리고 "충분하다."

"충분하다" "괜찮다" "OK"

553 당신이 먹지 않으면 돌아간다

살다 보면 오해와 악플과 비난을 받기도 한다. 혁신과 열정을 발휘할수록 더 비난받기도 한다. 진짜 악당들과 소시오는 멀쩡하지만 멘탈이 약한 보통사람들은 사실 초연하기 쉽지 않다. 어떻게 냉정함을 유지할 수 있을까? 부처께서 인기를 얻고 많은 사람들이 그를 따르자 그 당시 상류층 종교가들인 브라만인들은 이를 못마땅해했다. 예수를 제사장들이나 바리새인들이 핍박한 상황과 유사했다. 브라만인들은 부처 앞에서 비난과 욕설, 모욕을 퍼부었다. 이러자 부처가 이런 말씀을 하셨다. "브라만인들이여, 내가 질문을 하나 하겠습니다. 여러분들의 집에 손님이 오셔서 음식을 가득 차렸습니다. 그런데 그 손님이 오셔서는 하나도 먹지 않고 나갔습니다. 그러면 그 음식들은 누구의 것인가요?" 브라만인들이 답했다. "당연히 우리 것이지. 우리가 먹어야지. 그런 멍청한 질문이 어디 있어?" 그러자 부처가 답했다. "당신들이 쏟아부은 비난, 욕설, 모욕을 저는 하나도 먹지 않습니다. 저는 아무렇지도 않아요. 그럼 이걸 누가 먹게 될까요?"

당신이 스스로 자책하거나 고통당하지 않으면 당신에 대한 누군가의 부당한 비난, 욕설, 모욕, 짜증, 분노…… 이 모든 것은 당신을 욕하는 그들에게 돌아갈 것이다. 그러니 굳이 차려진 음식을 먹을 필요가 없다.

554 합력하여 선을 이룬다

착한 사람은 만사형통, 무병장수하며 부자되고 그것이 행복이라는 것은 미신에 가깝다. 성경에 보면 믿음의 조상 야곱도 평생 험한 삶을 살았다고 고백했다. 욥 또한 고통 속에서 울부짖었다. 믿음이 좋아도 가난할 수 있고, 이혼할 수도 있고, 병에 걸려서 고통당할 수도 있고, 고난당할 수도 있고 망할 수도 있다. 그럼에도 불구하고 모세나 야곱에게 분명한 믿음이 있었으니 그것은 과정이 어떠하든 그 모든 것이 '합력하여 선을 이룬다'는 것이다. 인생은 끝날 때까지는 그 인생의 어떠함을 판단할 수 없다. 뜻을 가지고 합력하여 선을 이룸을 믿고 전진한다면 과거의 모든 경험들은 그것이 무엇이든 쓰임이 있을 것이며 정말 그 인생은 '선'으로 마쳐질 것이다.

555 죽음이 있기에 삶은 Gift

나에게 삶의 통찰을 준 첫 번째 문장. '삶은 Gain이 아니라 Gift다.' 삶의 모든 순간은 그 자체가 'Gift'다. 그걸 쌓아서 나중에 무언가를 이루려는 게 아니다. 성취하기 위해 분투하는 것이 삶이 아니라, 지금 순간순간을 선물로 여기면서 사는 게 삶이다. 왜냐하면 죽음이 언제 우리를 찾아올지 모르기 때문이다. 매일매일 즐기고, 맛보고, 사랑하고, 웃고, 기뻐하고, 용서하고, 자유롭고, 관대하게 살아야 한다.

또 하나의 문장, '내일 죽는다고 하더라도 후회하지 않게 살라. 동시에 내일 죽지 않는다고 해도 후회하지 않게 살아라.' 자신이 내일 죽을 것임을 인식하며 '지금 이 순간'을 집중하는 동시에, 영원히 살 수 있을 것처럼 원대한 목표를 가지면서 살아야 한다.

'통찰의 시간'을 살아가는
'위대함'을 선택하시기를 바라며.

프로복싱 역사상 챔피언 중 한 번의 패배도 하지 않은 최고 선수가 있다. 그의 이름은 플로이드 메이웨더Floyd Mayweather, Jr다. 그는 신의 경지에 가까운 스피드와 테크닉으로 50전 전승을 거두고 무려 5체급 세계 챔피언을 석권했다.

누구나 그를 '최고 복서'라 한다. 그러나 불행히도 그 누구도 그를 '위대한 복서'라고 하지 않는다. 그는 승리를 위해 더티 플레이를 서슴지 않았고 인종차별이나 여성폭력에 연루되었으며 허세에 찌들었다.

무하마드 알리Muhammad Ali 라는 복싱선수는 로마 올림픽에서 금메달을 획득했다. 그는 귀국 후 식당에서 흑인에게 음식을 팔지 않는다는 말을 듣고 인종차별의 부조리에 항의하여 금메달을 강에 던져버린다. 흑인 노예들에게 부여되었던 자신의 이름도 바꾸어 버렸다.

이후 인종차별 극복을 위해 싸운다. 이를 불편하게 여긴 정부는 그에게 징집영장을 보냈지만 그는 이를 거부해 5년의 실형을 선고받고 챔피언 타이틀도 박탈당한다. 감옥에서 나온 후 그는 전성기가 지났음에도 다시 도전해 챔피언을 획득했다.

그는 메이웨더와 달리 시합에서도 수차례 패배했다. 그러나 사람들은 그를 '위대한 선수'라 부른다. 왜냐하면 그는 스포츠 기계가 아니었고 부와 명성만을 좇지 않았고 세상을 위해 싸웠기 때문이다.

수많은 사람들이 이 땅에 태어나고 사라진다. 이 중 뛰어나고 잘난 사람들도 많다. 최고의 선수, 최고의 CEO, 최고의 부자, 최고의 관료, 최고의 종교지도자, 최고의 의사, 최고의 변호사, 최고의 정치인……. 그러나 우리의 기억 속에 '위대한 사람'으로 남아 있는 분이 과연 몇 분이나 되는가?

그렇다면, '위대함'은 어디에서 나오는가? 자신을 넘어선 '가치'를 추구하고 변화를 만들어 내는 데서 나온다. 1등 부자, 1등 정치인, 1등 선수, 1등 CEO, 1등 합격자가 위대한 것이 아니다. 설령 많은 실패를 하고 권력이나 부가 없더라도 소명의식과 세상에 대한 공감이 있고, 주위 사람들을 위해 의를 위해 진실을 위해 세상을 더 낮게 하기 위해 세상에 작은 빛으로 살아가신 분들이 위대하다.

최고는 해당 분야에 단 한 명밖에 주어지지 않는다. 그러나 위대함은 누구나 가능하다. 최고는 되지 못했어도 평범하지만 위대한 우리의 부모님, 우리의 선생님들도 있다. 후손들에게 더 나은 세상을 위해 분투한 우리의 선배들도 있다. 우리는 그들에게 빚을 졌다.

단 한 번뿐인 인생, 최고가 되기 위해서 살 것인가? 작더라도 조금 더 큰 뜻을 품고 위대함을 만들어 볼 것인가? 이 작은 책을 내면서 필자 스스로도 후자의 인생을 살 것을 다시금 다짐한다. 또한, 이 책을 통해 '통찰의 시간'을 살아가는 위대함을 선택하는 분들이 더 많아졌으면 한다.

〈통찰의 시간〉 출간을 기대하는
829분의 SNS 응원

정고은
MZ세대로서 일을 하다 고민스러운 순간, 답답한 순간,
길을 잃어버린 순간마다 찾게 되었던 '일의 격'은
책장이 아닌 책상에 항상 두고 있는, 소중한 스승입니다:)
이제 '통찰의 시간'으로 삶의 본질과 인생을 새롭게 바라볼 수 있기를 기대합니다

__s.aeron · 11158_s · A Young Jeon · Ahn Pyoung Thae · allaliveclass · Anki Cho · Arim Seong · bawu_wawul · bellaorda · Benjamin Lee · Benny Jung · bohemian_hak · book_nan2 · Bookdok · brave_jy · Brian Kim · brooks_e.morning · Byoungjin Ko · byungil.choi · Byungkook Kim · Byungmin Kim · Chaegyun Kang · Chaehee Kim · Chanick Park · Cheolwon Yeom · Choonhee Chang · ChulHwan Jung · Chulje Cho · chulsoo4 · Clark Kang · coachdaeun · connectingmom · cswclub · Daejoong Kim · Daesang Jang · daily.goeun · dalcomnew · dalkdulki · Daniel Shin · daniel.tutor · Dansung Kim · Dasom seo · David Kim · Dennis Kim · detective_yoo · Dongearn Park · Dongeun Seo · Dongkyu Shin · Dongmin Lim · Dongmin Lim · Dongwon Lee · doubledown_ny · Doyle Ko · Ethan L · eunice.jh · Eunji Jeong · Eunrae Cho · freejae98 · Geunhyang Kang · gimminting · Gisun Ahn · Giyoon Yoo · Hachun Sung · Haeyoung Kim · Hailey Kwon · Hajun Lee · hate.love.jam · Hayong Choi · hayoung_melissa_jin · Heegon Kim · Heejong Kim · Heejoo Lee · Ho Yoon · Hongseok Kim · Hyejin Kang · Hyewon Lee · Hyewon Yim · Hyokyo Suh · Hyonam Choi · Hyoyeon Jo · Hyukjun Choi · Hyung g Kim · Hyungkeun Lee · Hyungsup Kim · Hyunjoo Kim · Hyunjung Seo · Hyunjung Shin · Hyunmin Shin · Hyunwoo Kim · HyunYoung Park · ihwan · Inchoul Lee · Indeok Kim · Inhyang Jang · Injae Lee · Intae Kim · invest._.16 · Jaehee Kwon · Jaeho Choi · Jaeseung Kim · Jaeyang Kwak · Jaeyeon Baek · Jaeyoung Choi · Jaeyoung Min · James Park · Jangho Choi · Jawang Oh · jay_s_books · Jeff Yoonchul Kang · Jenny Shin · Jeon.booksalon · Jeong H Kim · Jeonghee Lim · Jeongho Lim · Jeongki Hong · Jeongwon Park · Jeongwook Park · Jeongwook Wei · Jieun Song · Jihong Kim · jihyekim7595 · Jimin Park · Jin Hur · Jin Suzie · Jinam Kim · Jinho Kim · Jinho Kim · Jinhui Lee · Jinhyeok Lee · Jinsoo Jeon · Jiwon Lee · Johney Kim · Johnny ilmo Koo·Jonggeun Hong·Jonggun Lee·Jonghye Yi·Jongmin Lee·Jongmin Yoo·Jongseo Kim·joohyewonpilates_video·Joohyuk Kim·Joonbo Shim·joony_loves·Jooshik Lee·Josh Kim·Joungwoan Park·Juhyung Son·June Yoo·Jungho Park·Jungju Oh·Jungmin Lee·Jun-ho Choi·Junsik-Ha·Junyong park·Junyoung Lee·Junyoung Park·just_baekjin·Juyoung Chun·Kangkeun Lee·Kaworu20·Keesoo Cho·Keonwoo Park·Keumju Cho·Kideok Park·Kihoon Shin·kimberly. dani.j·Kiseok Seo·Kiung Kim·Kiwon Ahn·Kwangseon Kim·Kwangseop Kim·Kwangsik Choi·Kwangzoo Chung·Kyeonghee Kim·Kyoungchul Sung·Kyounghee Koo·Kyungheui Cho·Kyungho Kim·Kyungmi Lee·lee_yun_jeong__·like2hye·lime0625·luckypark.may·luvvyoujxxn·lwoongki·Manho Won·Maru Ahn·Mary JS Park·Mason Han·Minjae Kim·Minki Kim·Minseo Park·Minseok Lee·Minyoung Jean·Minyoung Kim·Mira Kim·Moon Hyoung Min·Moonhee Jung·Naeun Ahn·Namgoong Jeam·Namkyung Lee·niceto_sally·Oh Alex·onharuoff·redavy_gal·Ryan Kwon·s2_is_in_theair·Saehwan Park·Sangeun Oh·Sangho Kim·Sanghwa Han·Sanghyeung Jeon·Sanghyuk Song·Sangjung Choi·Sangmin Park·Semowa_official·Seogjoo Hwang·Seongeun Koh·Seongeun Lee·Seonggyu Lee·Seongha Seo·Seongho Lee·Seonghyeon Seo·Seongkeun Moon·Serine Kee·Seungchul Baek·Seunghoon Song·Seungjoo Han·Seungtae Kim·Seungwon Yoon·Seungyeon Kim·Seungyun Ko·Sharon kang·Shinduk Kang·sim.asset·Simona Park·Sj Park·Sohee Yu·Sokyum Yoon·Somi jung·Soo Ah Lee·Soohyun Kim·Sookjin Lee·Soomi Kim·Sooyoung Kwak·soyoyou_miracle·Soyun Shin·sseu_jin·Suengjoon Lee·Suhyun Bae·Suk Kim·Sunghoon Lim·Sunghye Cho·Sungjin Noah Kim·Sungjun Min·Sungtae Park·Sungyong Oh

·Sunhee Yun·Sunny Han·Taehyeok Kim·Taekyeong Oh·Taeyang Kim·uni_jeon·w_snow_woody·wan__161·waynekim79·won_sunghee·Wondae Ryu·Wonseok Oh·Woobok Kim·Woonghee Lee·Woosung Choi·Yeonsook Park·yj_mensch·yntothere·Yongjae Lee·Yongjin Park·Yongkhi Paek·Yongro Shin·Yonu Cho·Yookyung Lee·Young Kwon·Younggil Roh·Younghoon Kim·Youngjin Bae

SNS 응원

·Youngjin Chae·Youngjin Son·Youngjun Lee·Youngmin Cho·Youngran Kim·
Youngsoo Seo·Youngwook Yang·yudh0802·Yujin Hwang·Yumi Lee·Yuna Choi·
감혜진 강경민 강동오 강명준 강미경 강민경 강민구 강보은 강보현 강성민 강수연 강
영임 강영택 강원형 강유민 강은정 강인구 강정민 강준수 강태진 고수희 고준식 고준
영 고희윤 공지애 곽복임 구명옥 권석민 권영구 권영만 권재영 길찬호 김경달 김경래
김경미 김경희 김고은 김관성 김규리 김근희 김남희 김남희 김대성 김도원 김도형 김
동규 김동림 김동민 김동욱 김동환 김두영 김명숙 김명웅 김명철 김문정 김미진 김민
재 김민정 김민주 김병조 김봉수 김봉철 김선아 김선우 김선중 김선태 김성열 김성은
김성호 김성훈 김송아린 김수형 김수휘 김순한 김승리 김신우 김영진 김영한 김영호
김영훈 김영휴 김완주 김요한 김용일 김용현 김우정 김욱진 김유신 김윤정 김응진 김
의성 김인철 김재수 김재운 김재은 김재한 김재형 김정선 김정진 김정환 김정희 김종
서 김종운 김종현 김주연 김준수 김준호 김지원 김지희 김진관 김진배 김진석 김진현
김진호 김진환 김참 김철원 김태균 김태식 김태현 김태형 김필구 김한글 김해룡 김현
자 김현정 김형렬 김형섭 김형중 김형훈 김혜영 김화식 김회진 김희동 김희정 나경수
나병준 남아영 남윤곤 남종수 남희주 노용희 노재숙 노정원 노치두 노태운 도성진 동
내화 류교원 류용효 류일석 류정혜 류주은 류종혁 류지환 류현승 마지애 마퍼디 모윤
준 문서영 문용원 문원식 문정식 문준희 문진섭 민경철 민년기 민병철 민성준 민정수
민현조 박권 박근백 박남희 박대성 박도영 박도현 박미숙 박민석 박민화 박상윤 박서
희 박성영 박성진 박성화 박세진 박소은 박수진 박시용 박영건 박영수 박영하 박용규
박웅 박원우 박윤 박인기 박재근 박재찬 박정민 박정옥 박정일 박정훈 박종민 박종일
박종한 박종현 박지수 박진성 박찬 박찬근 박찬형 박철홍 박춘일 박태정 박해원 박혁
수 박형근 반순애 배대현 배봉기 배성진 배양호 배영호 배정민 배지은 백성흠 백승 백
이삭 백태현 봉님이 사윤겸 서금옥 서기선 서두산 서민석 서병교 서승범 서영상 서혜
진 선민이 성국환 성찬혁 성홍기 소광진 손경애 손상목 손상민 손윤정 손종수 송관호

송문숙 송문희 송석리 송수범 송수진 송재원 송정은 송창석 송해원 신경승 신나연 신명진 신문수 신석균 신승민 신승호 신영우 신임성자 신주영 신혜인 신혜정 심보영 심성재 심수민 심승배 심예성 아수진 아한수 안광배 안상국 안성열 안수봉 안수연 안승용 안영민 안용대 안은영 안지현 안현주 안현준 안호성 양나래 양성은 양소영 양철호 양주미 양희성 엄선영 엄원당 엄정실 엄진국 여상근 여휘 염정민 오다인 오상호 오세선 오지환 오창섭 우성섭 우태욱 우호진 원동완 원두연 유경종 유광열 유민호 유병선 유석구 유수창 유창석 유철효 유철한 윤성용 윤여정 윤재병 윤종미 윤현식 윤호열 윤홍균 이가령 이강근 이경복 이경수 이경실 이경호 이고은 이관형 이규황 이기식 이기영 이대복 이대응 이동훈 이문선 이미리 이미재 이민원 이범석 이병무 이병섭 이보람 이봉호 이상섭 이상열 이상엽 이상하 이상현 이석원 이선화 이성대 이성현 이성훈 이수강 이수연 이수진 이수현 이수희 이승배 이승준 이승현 이영근 이영미 이용욱 이용진 이원규 이윤종 이윤호 이윤희 이인균 이정아 이정엽 이정하 이종삼 이종탁 이종학 이주희 이지민 이진석 이철민 이하정 이한기 이한주 이혜로움 이혁수 이혁주 이혁중 이현규 이현욱 이혜정 이혜진 이호재 이홍돈 이효정 인선교 임동민 임동섭 임영덕 임윤정 임정현 임지선 임지은 임지현 임춘택 임형섭 임효진 장동선 장선미 장소영 장승호 장영준 장우진 장이욱 장재혁 장현익 전대진 전미옥 전성안 전승연 전재웅 전정호 전종현 전하형 전혜주 전호겸 정경희 정고은 정기원 정낙섭 정다울 정대규 정민규 정상교 정성진 정세광 정용 정은진 정이수 정재우 정재일 정종기 정종훈 정지현 정진영 정창영 정태련 정현민 정형기 정혜민 정혜승 정호민 정훈 조경희 조상은 조성아 조승현 조인웅 조정목 조현민 조홍래 주기형 주봉수 주상용 주종문 주혜선 지도성 지철용 채연근 천정욱 천주영 최경은 최광재 최광희 최동근 최민철 최성민 최성배 최수혁 최순희 최승재 최연수 최영호 최용경 최우진 최온식 최운정 최원 최유미 최윤성 최윤희 최인영 최재완 최재윤 최정만 최지수 최창규 최현종 최현태 태희재 피경원 하인선 하정미 하현남 한윤구 한윤기 한지윤 한태웅 함기훈 허윤호 허은 허진 형원준 호순근 홍익한 홍정화 홍희진 황경호 황보율 황용광 황유진 황윤석 황해원